DA NANG

다 낭 | 호 이 안 | 후 에

CHALET Travel Book

CONTENTS

이 책을 보는 방법

본문 정보 ─────────

📍 찾아가기   ✕ 추천 메뉴 및 가격
🏠 주소 $/VND 요금(입장료, 숙박 요금)
🕐 오픈 시간   @ 홈페이지
☎ 전화번호   🚩 지도

지도 ─────────

📷 관광 명소, 체험   ✈ 공항
🍴 레스토랑   🚆 기차역
☕ 카페   🚢 유람선
🍷 펍 & 바   🚻 화장실
🛍 숍, 쇼핑몰, 시장   🏯 사원
💆 스파 & 마사지   👁 전망대
🏨 호텔, 리조트   ⇕ 엘리베이터

HOI AN

HUE

여행 정보의 업데이트 ───────

살레트래블북 다낭 · 호이안의 정보는 2019년 5월까지 수집한 정보와 자료로 만들었습니다. 단, 책에 소개되어 있는 관광지와 숍, 레스토랑의 오픈시간 및 요금, 교통편과 관련된 내용은 현지 사정에 따라 변경될 수 있습니다. 살레트래블북은 6개월 또는 1년 마다 가장 최신 정보가 업데이트 된 개정판을 발행합니다.

TRAVEL INFO

GETTING STARTED

DA NANG
HOI AN & HUE

다낭, 호이안, 후에 여행 중 꼭 먹어봐야 할

베 트 남 대 표 요 리

• 우리 입맛에 잘 맞는 베트남 요리 •

퍼 Phở

따뜻한 고기 육수(쇠고기는 퍼 보Phở Bò, 닭고기는 퍼 가Phở Gà)에 쌀국수와 고명, 허브 등을 넣어 먹는 대표 쌀국수

분짜 Bún Chả

숯불에 구운 돼지고기 완자와 삶은 쌀국수를 새콤달콤한 느억맘 소스에 적셔 먹는 베트남 북부 하노이 지방의 쌀국수

반미 Bánh Mì

프랑스 식민지 시대에 들어온 바게트 안에 고기, 햄, 채소 등을 넣어 만든 베트남식 샌드위치

반코아이 Bánh Khoái

반쎄오처럼 반달 모양으로 딱 접지 않으며 반쎄오보다 작고 두툼한 후에 지방의 부침개

고이꾸온 Gỏi Cuốn

라이스페이퍼(반짱Bánh Tráng)에 새우, 저민 고기, 채소, 허브 등을 싸서 먹는 프레시 스프링롤

짜조 Chả Giò(넴 Nem)

고이꾸온(프레시 스프링롤)을 바삭바삭하게 튀겨낸 베트남식 스프링롤

넴느엉 Nem Nướng

양념한 돼지고기 완자를 꼬치에 끼워 숯불에 구운 후 라이스페이퍼에 채소와 함께 싸서 먹는 요리

껌찌엔 Cơm Chiên

해산물, 닭고기, 달걀 등 넣는 재료에 따라 이름이 달라지는 한국인 입맛에도 잘 맞는 볶음밥

미싸오 Mì Xào

우리나라 라면과 비슷한 노란색의 꼬불꼬불한 면으로 만드는 볶음 국수

· 다낭 대표 요리 ·

반쎄오 Bánh Xèo

얇게 부쳐낸 쌀 전병에 새우, 돼지고기, 숙주 등의 재료를 넣어 반으로 접어 먹는 베트남식 부침개

미꽝 Mì Quảng

두툼하고 납작한 면에 고명, 땅콩, 쌀과자 등을 넣고 비벼 먹는 비빔국수

분짜까 Bún Chả Cá

원통 모양의 국수인 분에 쫄깃한 어묵이 들어간 쌀국수

쏘이가 Xôi Gà

녹두나 다른 재료가 들어간 경우 다양한 색을 띠기도 하는 닭고기를 올린 찹쌀밥

· 호이안 대표 요리 ·

까오러우
Cao Lầu

우동 면과 비슷한 까오러우 면에 돼지고기, 채소, 쌀 크래커, 국물 등을 함께 섞어 비벼 먹는 호이안의 명물 쌀국수

반바오반박
Bánh Bao Bánh Vạc

일명 화이트 로즈White Rose. 쫄깃한 흰색 피 안에 새우가 들어 있는 베트남식 물만두

호안탄찌엔
Hoành Thánh Chiên

만두피를 따로 튀기고 그 위에 새우, 다진 고기, 채소를 소스에 버무려 얹는 프라이드 완탕

껌가
Cơm Gà

닭고기 삶은 물로 지은 밥 위에 삶은 닭고기나 구운 닭고기를 얹어 먹는 베트남식 치킨라이스

· 후에 대표 요리 ·

분보후에 Bún Bò Huế

매콤한 고기 육수에 통통한 원통형 국수를 넣고 쇠고기 고명을 얹어 먹는 쌀국수

반베오 Bánh Bèo

종지에 쌀가루 반죽을 담아 쪄낸 후 그 위에 고명을 얹은 전통 요리

반봇록 Bánh Bột Lọc

타피오카 가루로 만든 반죽에 새우, 돼지고기 등으로 만든 소를 넣어 바나나 잎에 싸서 찐 요리

넴루이 Nem Lụi

레몬그라스 줄기에 양념한 돼지고기를 둥글게 뭉쳐 얹은 후 숯불에 구운, 후에 스타일의 넴느엉

・베트남 커피・

카페 쓰어 농
Cà Phê Sữa Nóng

커피에 연유를 넣은 달콤한 커피. 진한 커피와 연유의 조합으로 한 번 마시면 계속 생각나는 중독성 있는 커피다.

카페 쓰어다
Cà Phê Sữa Đá

카페 쓰어 농에 얼음을 넣은 아이스 연유 커피. 여행 중 가장 많이 마시게 되는 커피로 연유 커피와 얼음이 따로 나오기도 한다.

카페 덴농
Cà Phê Đen Nóng

진하게 내린 블랙커피. 에스프레소같이 쓰고 진한 맛으로 원두 고유의 맛을 느낄 수 있어 커피 애호가들이 선호한다.

카페 덴다
Cà Phê Đen Đá

카페 덴농에 얼음을 넣은 아이스 블랙커피. 커피가 맛있기로 소문난 카페에 간다면 반드시 주문해야 할 메뉴.

카페 쯩
Cà Phê Trứng

달걀노른자를 연유와 섞어 거품을 낸 후 진한 커피에 부은 에그 커피. 부드럽고 고소한 맛이 일품이다.

꼿 즈어 카페
Cốt Dừa Cà Phê

커피 스무디에 코코넛 밀크를 얹은 코코넛 밀크 커피 스무디. 부드럽고 달콤한 맛에 코코넛을 싫어하는 사람도 반하게 된다.

TIP | 베트남 커피 드리퍼, 핀Phin

베트남에서는 '핀'이라 불리는 드리퍼를 잔 위에 올린 후 거칠게 간 커피 원두를 넣고 뜨거운 물을 부어 커피를 천천히 내려 먹는다. 베트남의 대표 커피인 연유 커피는 잔 아래에 연유를 넣고 커피가 다 내려지면 섞어 마시면 된다. 베트남 커피를 집에 돌아와서도 즐기고 싶다면 슈퍼마켓에서 커피 원두와 핀을 함께 구입해 오자.

・베트남 커피 메뉴・

베트남어도 생소한데 커피 종류까지 다양해 처음에는 헷갈릴 수 있다. 물론 메뉴판에 영어와 같이 표기된 곳도 많고 영어로 주문해도 되지만 주요 단어만 알고 있어도 어떤 커피인지 알 수 있어 도움이 된다.

커피		종류		차가운 / 따뜻한
Cà Phê 카페 커피	+	Đen 덴 블랙 Sữa 쓰어 연유, 우유 Dừa 즈어 코코넛 Bạc Xìu 박씨우 신선한 우유 첨가	Thường 쯩 달걀 Muối 무오이 소금 Sữa Chua 쓰어쭈어 요구르트	+	Đá 다 차가운 Nóng 농 따뜻한

카페 무오이Cà Phê Muối 커피의 쓴맛을 중화시키고 단맛을 끌어올려 주는 소금 커피
쓰어쭈어 카페Sữa Chua Cà Phê 얼음을 깔고 떠먹는 요구르트를 올린 후 에스프레소를 부어주는 커피
카페 박씨우Cà Phê Bạc Xìu 연유 위에 우유를 붓고 맨 마지막에 커피를 올려 연유 커피보다 부드러운 맛

· 부담 없이 즐기는 베트남 맥주 ·

베트남은 한 해 맥주 소비량이 46억 ℓ에 달해 국민 한 사람당 연간 47ℓ를 마시는 셈으로 아시아 국가 중에서 우리나라와 함께 맥주 소비량 1, 2위를 다툰다. 마트에서는 1만~1만 5000 VND이면 살 수 있고 음식점에서도 부담 없는 가격으로 마실 수 있다. 다양한 맥주가 있으니 도전해보고 입맛에 맞는 맥주를 찾아보자.

라루Larue 맥주

4.2% vol.

설립자인 빅토르 라루Victor Larue의 이름을 딴 맥주로 1909년부터 생산되었으며 현재는 하이네켄 베트남에서 생산하고 있다. 청량감이 덜하고 특유의 홉 향과 맛을 지녔지만 주당에겐 밋밋하게 느껴질 수 있다.

라루 스페셜Larue Special 맥주

4.6% vol.

라루 맥주보다 씁쓸한 맛이 조금 덜해 라루 맥주보다 선호도가 높은 편이다.

바바바333 맥주

5.3% vol.

1893년 처음으로 만들어졌으며 원래 이름은 33이었다가 1975년 333으로 이름이 바뀌었다. 맛이 시원하고 깔끔해서 가볍게 마시기 좋다.

사이공Saigon 맥주

4.9% vol.

바바바 맥주와 같은 Sabeco Brewery에서 만드는 맥주로 라거, 익스포트, 스페셜의 3가지 종류가 있다. 우리나라 사람들에게는 스페셜이 가장 인기 있다.

후다 Huda 맥주

4.7% vol.

후에 지역의 로컬 맥주로 '후다'라는 이름은 후에의 Hu와 덴마크의 Da를 따서 만든 것이다. 청량감이 좋고 패키지가 예뻐서 여자들에게 인기가 있다.

후다 골드Huda Gold 맥주

4.7% vol.

프리미엄 라거 맥주로 탄산이 강하며 후다 맥주보다 좀 더 깊은 맛이 나며 2015년 월드 비어 챔피언십 라거 부분에서 수상한 경력이 있다. 매콤한 음식과 찰떡궁합.

타이거Tiger 맥주

5% vol.

싱가포르 대표 맥주이지만 라루 맥주와 더불어 베트남에서 가장 흔하게 볼 수 있는 맥주다. 탄산이 많아 청량하고 달콤한 과일 향이 살짝 느껴진다.

타이거 크리스탈Tiger Crystal 맥주

4.5% vol.

타이거 오리지널 맥주보다 가볍고 목 넘김이 부드러워 안주 없이 마시거나 간단한 스낵과 곁들여 마시기에 좋다.

비아 하노이Bia Hà Nôi 맥주

5.1% vol.

베트남 북부 지역의 대표 맥주 중 하나로 탄산이 강하고 끝 맛이 쌉싸름한 편이다.

· 베트남 과일 ·

망고 Xoài 쏘아이

망고 종류가 다양하며 가장 많이 먹는 망고는 쏘아이 께오Xoài Keo와 쏘아이 깟Xoài Cát으로, 쏘아이 깟 중 쏘아이 깟 호아 록Xoài Cát Hòa Lộc은 최상급으로 꼽힌다. 쏘아이 께오는 쏘아이 깟보다 신맛이 더 강하고 덜 부드럽다.

리치 Quả Vải 꽈 바이

붉은색 껍질을 까면 나오는 우윳빛 과육을 씹으면 향긋한 향이 올라온다. 양귀비가 피부 미용을 위해 즐겨 먹었다고 전해지며 껍질을 깨끗이 씻은 후 먹도록 하자. 반점이 없고 붉은빛을 띠는 것이 좋다.

롱안 Nhãn 냐안

롱안Longan은 중국에서 황실에 진상하던 과일로 용의 눈을 닮아서 용안龍眼, Dragon Eye이라고 불린다. 살짝 딱딱한 얇은 껍질을 벗기면 반투명한 과육이 나오며 리치처럼 커다란 씨가 과육 안에 있다. 리치와는 또 다른 잔잔한 향이 난다.

람부탄 Chôm Chôm 쫌쫌

람부탄은 인도네시아어로 '털이 많은'이라는 뜻으로 이름처럼 겉모습은 마치 털이 난 성게같이 못생겼지만 뽀얀 속살을 품고 있다. 과육은 즙이 많고 새콤달콤하다. 검붉은 빛이 도는 건 피하고 진한 붉은빛을 띠는 것을 고르도록 하자.

포멜로 Bưởi 브어이

포멜로는 동남아시아가 원산지이며 단맛과 쓴맛을 지닌 과일로 우리나라에서 파는 자몽보다 크다. 잘익은 것은 달달한 맛이 일품이며 포멜로 알갱이를 가득 넣은 샐러드도 맛있다. 껍질이 두꺼워 까기 힘드니 속살만 팩에 담아 파는 것을 구입하자.

망고스틴 Măng Cụt 망꿋

'과일의 여왕'이라 불리는 망고스틴은 두툼한 껍질속에 마늘같이 생긴 과육을 지니고 있다. 달콤한 맛이 강해 누구나 좋아한다. 껍질에 노란색 진액이 묻어 있거나 딱딱한 것은 썩은 것일 확률이 높다. 만졌을 때 살짝 푹신한 느낌이 있는 것을 고르면 된다.

두리안 Sầu Riêng 싸우리엥

두리안의 맛과 향은 호불호가 갈리기 때문에 '과일의 왕'이라는 타이틀에 반대하는 사람도 있다. 하지만 극강의 부드러움과 독특한 맛에 빠지게 되면 헤어나올 수 없다. 껍질이 두껍고 따가우니 통째로 구입할 때 손질을 부탁하거나 과육만 발라 파는 것을 사도록 하자.

잭푸르트 Quả Mít 꽈밋

나무에 달려 있다는 게 신기할 정도로 크고 무거운 과일이다. 과질은 노란색으로 지방 함량과 칼로리가 낮아 다이어트 식품으로도 사랑받고 있다. 채식주의자들은 고기 대신 요리에 사용할 정도로 씹는 식감이 색다르며 다양한 요리에 쓰인다.

용과 Thanh Long 탄롱

용과는 선인장 줄기 끝에 달린 열매의 모습이 마치 용이 여의주를 물고 있는 형상과 닮았다고 하여 붙여진 이름이다. 안의 과육은 붉은색과 흰색이 있는데 붉은색이 좀 더 단맛이 강하다. 냉장고에 넣었다가 시원하게 먹는 것을 추천한다.

파파야 Đu Đủ 두두

코코넛 Trái Dừa 짜이즈어

익은 파파야는 껍질이 노란색이나 주황색을 띠며 초록색은 익지 않은 것으로 음식 재료로 많이 쓰인다. 비타민 C도 풍부하며 단백질 분해 효소가 있어 천연 소화제 역할도 한다.

코코넛은 속부터 겉까지 쓰임새가 다양하다. 하얀 과육은 과자, 코코넛 크림, 코코넛 오일 등으로 쓰이고 코코넛 워터는 '천연 이온 음료' 역할을 한다. 액세서리, 식기 등에 쓰이는 단단한 껍질, 수세미나 밧줄 등으로 이용되는 섬유질 부분까지 하나도 버릴 곳이 없는 과일이다.

과일 출하 시기

	1월	2월	3월	4월	5월	6월	7월	8월	9월	10월	11월	12월
망고					1~9월							
리치						5~8월						
룽안			3~6월					8~9월				
람부탄						5~9월						
포멜로										8~1월		
두리안						5~7월						
망고스틴						5~8월						
잭푸르트				3~7월								
용과												
파파야						1~12월						
코코넛												

• 더위를 이겨낼 베트남 디저트와 음료 •

신또 Sinh Tố

신또는 과일 스무디로 베트남은 과일 종류가 다양한 만큼 여러 가지 신또를 먹을 수 있다. 보통 믹서에 과일, 연유나 설탕, 얼음을 넣어서 갈아주는데 100% 과일만 사용하는 가게도 있다. 우리나라에서 쉽게 접할 수 없는 아보카도 스무디, 신또버 Sinh Tố Bơ는 꼭 맛보자.

느억미아 Nước Mía

베트남의 대표적인 서민 음료인 느억미아는 사탕수수 주스다. 길거리를 다니다 보면 사탕수수를 즉석에서 짜서 파는 곳을 심심찮게 볼 수 있는데 노점에서 파는 것은 500~750원(1만~1만 5000 VND)이다. 더운 날씨에 당분과 수분을 보충하기에 좋다.

짜다 Trà Đá

로컬 커피숍이나 식당에 가면 무료로 제공하거나 2000~5000 VND에 파는 냉차를 '짜다'라고 한다. 품질 좋은 짜(trà, 차)를 사용하는 곳이 있는 반면 그렇지 않은 곳도 있다. 수질이 좋지 않은 물에 저렴한 차로 여러 번 우려 제공하는 가게도 있으니 가급적 생수를 사서 마시는 것이 안전하다.

쓰어 쭈어 Sữa Chua

떠먹는 요구르트로 그냥 먹거나 과일을 곁들여 먹기도 한다. 직접 만들어서 파는 가게도 있고 비나밀크Vinamilk 같은 대형 회사에서 나오는 제품도 있다.

쩨 Chè

베트남 전통 디저트인 쩨는 차고 달달해 우리나라 빙수와 비슷하다. 따뜻하게 먹는 쩨도 있으며 쩨의 종류는 빙수보다 훨씬 다양하고 넣는 재료에 따라 맛과 이름이 다르다. 잔 얼음에 삶은 팥, 콩, 녹두 등을 넣고 코코넛 밀크를 부은 간식으로 곡식 외에 젤리, 과일, 타피오카 등 다양한 토핑도 넣어 먹는다. 무엇을 먹어야 할지 모르겠다면 여러 가지 곡물을 조금씩 넣어주는 쩨탑깜Chè Thập Cẩm을 먹어보자.

다양하고 실속 있는 여행 선물 총집합!
다낭 대형 마트 쇼핑 아이템

다낭의 롯데 마트를 비롯한 여러 대형 마트에서는 베트남 커피와 라면, 말린 과일 등의 인기 여행 선물과 기념품을 모두 구입할 수 있다.
대형 마트들은 우리나라와 비슷한 구조로 되어 있어 편하게 쇼핑할 수 있으며 부담 없는 가격으로 마음껏 쇼핑을 즐길 수 있어 더욱 좋다.

What
무엇을 사야 할까?

콘삭Con Sóc 커피

1Box(10개입) 7만 2000 VND
일명 다람쥐 커피. 헤이즐넛 향을 첨가한 커피로
일회용 종이 필터 커피라 먹기 편하다.

G7 커피

1Box(18개입) 4만 4000 VND
베트남의 대표 인스턴트커피. 2 in 1
은 커피와 설탕, 3 in 1은 프림까지 모
두 들어간 것이다.

위즐Weasel 커피

250g 18만 5000 VND
족제비 똥 커피. 족제비의 소화
효소에 생두가 발효되어 독특
한 향과 맛이 난다.

비나밋Vinamit 말린 과일

100g 4만 5900 VND
동남아시아 여행 최고
의 선물인 말린 열대 과
일. 망고, 다크 초콜릿
망고, 믹스 푸르츠 등이
있다.

하오하오Hảo Hảo 라면

1봉 3400 VND
베트남 대표 라면. 분홍색 새우 맛이
인기이며 컵라면처럼 뜨거운 물을 부
어 먹는다.

비폰Vifon 쌀국수

1봉 4500 VND
인스턴트 쌀국수. 베트남 쌀국수
를 간편하게 즐길 수 있는 제품
으로 쇠고기 맛이 인기.

달리Darlie 치약

225g 3만 7400 VND
미백과 구취 제거 효과로 유명한 치약. 동
남아시아에서 널리 팔리는 치약이다.

센스 아시아Sense Asia 파머스 티

1Box(100g) 15만 9000~24만 9000 VND
농부들의 얼굴이 패키지에 담긴 프리미엄 티. 기념품 숍보
다 마트에서 구입하는 것이 저렴하다.

Lot100 망고 젤리

150g 3만 9700 VND

말랑말랑 망고 향이 나는 망고 젤리. 낱개로 포장되어 있어 먹기 편하다.

게리Gery 치즈 크래커

1Box(200g) 5만 1400 VND

바삭한 크래커에 치즈가 듬뿍 발린 과자. 치즈를 좋아한다면 반드시 사야 할 아이템이다.

달랏Dalat 와인

1병(750㎖) 8만 5000 VND부터

베트남 고산지대인 달랏에서 생산되는 와인. 다양한 종류와 가격대가 있다.

텝세이Tépsáy 말린 새우

200g 4만 5500 VND

바삭하게 말린 새우. 약간 달면서도 짭조름한 맛이 맥주 안주로 딱 좋다.

노니Noni 차

1Box(20티백) 3만 9900 VND

마시기 쉬운 티백 형태의 노니 차. 항염, 항노화 효과가 뛰어나 어른들 선물에 좋다.

핀Phin

6㎝ 2만 VND

베트남식 1인용 커피 드리퍼. 원두커피를 사면 무료로 제공되기도 한다.

느억맘 소스와 칠리소스

각 290g 1만 5700 VND / 270g 8500 VND

베트남 요리에 꼭 필요한 2가지 소스. 한국보다 훨씬 저렴한 가격에 구입할 수 있다.

Where

어디에서 사야 할까?

롯데 마트 Lotte Mart

다낭 시내 남쪽에 있는 5층 규모의 대형 마트로 관광객에게 인기 있는 품목을 한곳에 모아놓아 쉽게 찾을 수 있으며 커피의 경우 빅 씨보다 종류가 더 다양하다.

빅 씨 Bic C

베트남 대표 하이퍼 마켓 체인으로 팍슨 빈쯩 플라자 2층과 3층에 있다. 베트남 식품 및 기념품은 롯데 마트보다 조금 더 저렴하며 다낭 도심에 있어 관광 중에 들르기 편하다.

작은 숍과 전통 시장에서 찾은
다낭 & 호이안의 특별한 기념품

다낭과 호이안의 작은 상점이나 카페, 전통 시장에서는 대형 마트에는 없는 좀 더 특별한 기념품을 구입할 수 있다.
직장 상사나 사랑하는 가족, 친구에게 주는 고급스러운 여행 선물로도 더할 나위 없이 좋다.

What
무엇을 사야 할까?

페바 초콜릿
SHOP | Pheva Chocolate

최고의 여행 선물로 꼽히는
초콜릿 Pheva

보디 오일
SHOP | Arya Tara

여러 가지 천연 오일이 혼합된
스트레스 완화 보디 오일

노니 비누
SHOP | Arya Tara

코코넛 오일이 첨가된 100% 천연 노니 비누

로즈 립밤
SHOP | Arya Tara

로즈 에센셜 오일의 은은한 장미 향이 퍼지는
로즈 내추럴 립 밤

라탄 가방
SHOP | Han Market

여름에 들기 좋은 다양한 크기와
디자인의 라탄 가방

짜 비엣 티
SHOP | Danang Souvenirs & Café

베트남의 No.1 Tea 브랜드 Trà Việt의 프리미엄 차

코코넛 오일

SHOP | Coco Box

Skinny&Co.의 100% 알칼리성 프리미엄
생 코코넛 오일

풋 살브

SHOP | Coco Box

각질 제거와 릴렉싱 효과가 탁월한 A Banker's
Secret의 풋 살브

남성용 화장수

SHOP | Coco Box

시원한 향의 A Banker's Secret의 남성용 화장수

마루 초콜릿

SHOP | Coco Box

생산자가 수확부터 공정까지 직접 하는 베트남의
프리미엄 수제 초콜릿 Marou

사포 핸드 메이드 비누

SHOP | Bloom

호이안에서 100% 핸드 메이드로
만들어지는 Sapo 천연 비누

브론즈 커피 필터

SHOP | Reaching Out Arts and Crafts

장인이 직접 두드려 만든
청동 베트남 전통 커피 드리퍼

주방 용품

SHOP | Sunday

예쁜 파스텔 컬러와 독특한
디자인이 돋보이는 컵과 그릇

커피 원두

SHOP | Hoi An Roastery

맛있기로 소문난 호이안 로스터리의
아라비카 커피 원두

맞춤 신발

SHOP | Buffalo

디자인과 가죽의 색상을 직접 골라
내 발에 꼭 맞춘 신발

· 다낭 · 호이안 비치 가이드 ·

다낭·호이안은 물빛으로 유혹하는 해변은 아니라서 바다를 접할 기회가 많은 우리나라 사람에게는 평범해 보일 수 있다. 그렇다고 바다를 보지 않으면 섭섭할 수 있으니 큰 기대는 내려놓고 가벼운 마음으로 휴양을 즐겨보자. 해변에 빨간색 깃발이 꽂혀 있다면 수영 금지Cẩm Tẩm, No Swimming라는 뜻이니 주의해야 한다.

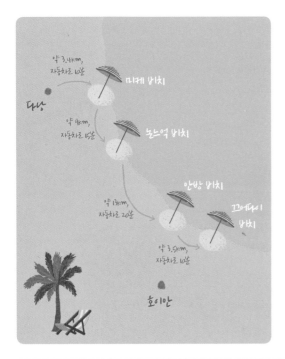

미케 비치 My Khe Beach │ Bãi Biển Mỹ Khê

해변 길이가 10km에 달하는 미케 비치는 시원한 전망을 뽐낸다. 햇볕에 달궈진 고운 모래의 촉감을 느끼며 시원한 음료로 열기를 식히는 순간은 언제나 옳다.

선베드 대여 요금	샤워 시설 & 화장실
4만 VND	해변이 긴 만큼 일정 간격으로 모래를 씻어 낼 수 있는 정도의 간이 샤워장과 공용 화장실이 있다. 무료인 곳과 유료인 곳(1000~3000 VND)이 있으며 화장실 상태는 천차만별이다.

@　mykhebeach.org

TIP │ 미케 비치 이용 팁

좀 더 편하게 미케 비치를 누리고 싶다면 풀만, 프리미어 빌리지 혹은 템플 다낭에서 수영장과 일부 시설을 이용할 수 있는 패스를 구입하자. 투숙객이 아니어도 수영장, 편의 시설, 미케 비치를 동시에 즐길 수 있다. 템플 다낭은 이용하는 시설에 따라 요금이 달라지며 수상 레포츠 프로그램도 마련되어 있다.

선베드 대여 요금	요금	포함 사항
풀만 다낭 비치 리조트 Pullman Danang Beach Resort	성인 39만 VND 어린이 19만 VND	수영장, 짐Gym, 샤워 시설, 탈의실, 구명조끼, 선베드
프리미어 빌리지 다낭 리조트 Premier Village Danang Resort	성인 21만 VND 어린이 10만 5000 VND	수영장, 샤워 시설, 탈의실, 로커, 선베드, 비치 타월
템플 다낭 더 리조트 익스피리언스 Temple Da Nang The Resort Experience	성인 16만 VND	샤워 시설, 선베드, 타월

논느억 비치 Non Nuoc Beach │ Bãi Biển Non Nước

논느억 비치는 미케 비치 아래로 이어지는 해변으로 고급 호텔과 리조트가 들어 있다. 호텔과 리조트마다 전용 비치가 있어 공공 편의 시설은 거의 없다. 논느억 비치 쪽에 숙소를 예약하면 여유롭게 해변을 즐길 수 있다.

끄어다이 비치 Cua Dai Beach │ Bãi Biển Cửa Đại

호이안 올드 타운에서 끄어다이 거리를 따라 쭉 이동하면 만날 수 있는 해변으로 안방 비치보다 조용하고 한적한 분위기이다. 약 3㎞ 길이의 백사장에는 모래 유실을 막기 위해 모래주머니로 둑을 쌓아놓았다. 맑은 날에는 건너편의 참섬이 손에 잡힐 듯이 보이며 참 섬으로 가는 스노클링이나 다이빙 투어도 끄어다이 비치에서 출발한다. 해변 주변으로 여러 리조트가 있으며 비치 파라솔과 선베드가 쭉 늘어서 있어 이곳에서 책을 읽으며 조용하게 쉬는 사람이 많다.

안방 비치 An Bang Beach │ Bãi Biển An Bàng

호이안 올드 타운에서 차로 15~20분이면 닿는 안방 비치는 망중한을 즐기기에 좋다. 해변에 바와 레스토랑이 빼곡하게 들어차 있으며 모래사장에는 선베드가 줄지어 있다. 바나 레스토랑을 이용하면 선베드는 무료다. 그러니 마음에 드는 바나 레스토랑을 골라 마음껏 누려보자.

TIP │ 안방 비치 이용 팁

- 소지품은 항상 잘 살피자. 선베드나 바, 레스토랑 테이블 위에 두고 자리를 비웠다가는 소지품이 사라질 수 있다.
- 호이안 호텔 중에는 안방 비치나 끄어다이 비치까지 무료 셔틀을 운행하는 곳이 있으니 예약한 숙소가 셔틀 서비스를 제공하는지 확인하자.
- 자전거를 타고 갈 경우 주차 호객 행위를 하는 사람들이 많은데 요금을 2만~10만 VND까지 마음대로 받으며 바가지를 씌우기 일쑤다. 휴양을 즐기기도 전에 기분이 상할 수 있으니 가급적이면 그랩이나 택시로 가는 게 좋다. 자전거로 간다면 주차비가 1~2만 VND인지 확인하자.

해양 레포츠

미케 비치나 안방 비치, 호텔 전용 비치 등에서 스노클링, 패러세일링, 제트스키, 바나나 보트 등 다양한 해양 레포츠를 즐길 수 있다. 제트스키, 스피드보트 등은 안전 대책이 부실한 편이라 가급적 하지 않는 것을 추천한다. 가장 인기 있는 것은 패러세일링이다.

미케 비치	안방 비치	호텔 수상 스포츠 센터

해변 중간중간에 해양 레포츠 입간판이 있어 찾기 쉽다. 간판 있는 곳에 서 있으면 직원이 다가온다. 아무도 나오지 않는다면 주변 상인에게 물어보자.

해변에 입간판이 있기도 하고 액티비티 프로그램이 적힌 보드를 들고 다니며 호객하는 사람도 많다. 가격 흥정도 가능해 좀 더 저렴하게 즐길 수 있는 확률이 높다.

전용 해변이 있는 5성급 호텔 중 호텔 내에서 수상 액티비티 프로그램을 운영하는 곳이 많다. 객실 내 비치된 안내서를 보고 예약하면 된다.

TIP | 해양 레포츠 팁

- 해양 레포츠는 보통 우기 시즌을 피한 3~10월에 운영하며 이 시기에도 날씨가 좋지 않아 수온이 낮아지면 취소되기도 한다.
- 패러세일링은 1인 50만 VND, 2인 80만 VND, 제트스키는 15분에 50만 VND, 20분에 70만 VND 등으로 가격은 업체와 상관없이 동일하다.
- 미케 비치, 안방 비치에서 하는 패러세일링은 보통 마지막에 바다 위로 착지하는데 바다 입수가 싫다면 혼자서 할 경우(2명은 안 됨) 모래 위 착지가 가능한지 문의하자. 여건에 따라 모래 위에 내려주기도 한다.

· 다낭 날씨 한눈에 보기 ·

다낭은 크게 우기(9~2월 초순)와 건기(2월 중순~8월)로 나뉘며 5~8월은 햇빛이 더욱 강해져 가만히 있어도 땀이 날 정도다. 하지만 점차 이상기후 때문에 여행 적기에 방문해도 날씨가 어떻게 바뀔지 가늠할 수 없다. 사계절 내내 더워 기본적으로 여름 옷차림을 준비하면 된다. 건기에는 선크림, 선글라스, 모자가 필수이며 통풍이 잘 되는 옷이 좋다. 우기에는 우산, 우비, 바람막이, 얇은 긴 옷을 더 챙겨가자. 해양 액티비티는 수온이 높아지는 6~8월에 즐기기 좋으나 방학과 휴가가 겹치는 7~8월은 숙박비가 더 올라간다.

	1월	2월	3월	4월	5월	6월	7월	8월	9월	10월	11월	12월
최고기온(℃)	24	23	28	32	33	35	34	34	33	28	27	24
최저기온(℃)	20	18	20	23	25	26	26	26	25	23	22	21
강수량(mm)	35	16	39	48	48	52	63	67	161	196	146	137

1~2월

일교차 때문에 얇은 겉옷이 있으면 좋다.

3~4월

건기가 시작되면서 습도가 낮아 비교적 덜 덥다.

5~6월

5월부터는 낮에 30도를 웃돌아 덥다.

7~8월

성수기이자 가장 더운 달로 한낮의 야외 활동은 자제하자. 습도도 높고 햇볕이 뜨겁다.

9~10월

본격적으로 우기가 시작되며 갑자기 비가 내리는 경우가 많다.

11~12월

우기이자 선선한 날씨로 흐리고 비 오는 날이 많다.

• 다낭 여행 팁 •

- 다낭 공항 출국 시 보안 검색대를 통과할 때 신발을 벗어야 하니 당황하지 말자.

- 마사지는 이른 오후에 하는 것이 효율적이며 새벽에 도착하는 항공을 이용한다면 첫날 일정은 여유롭게 잡자.

- 여행 시기가 베트남의 음력 설 명절인 뗏Tết 기간과 겹치는지 확인하자. 이 기간에는 문을 닫는 곳이 많고 그랩, 택시 등을 잡기도 힘들며 요금도 비싸 여행하는 데 불편한 점이 많다.

- 다낭은 인도에 오토바이가 많이 주차되어 있어 캐리어나 유모차를 끌고 다니기 불편한 편이다.

- 다낭 대성당이나 관광지 주변에서 설문 조사 용지를 가지고 접근하는 사람은 기부금 명목으로 돈을 요구하니 피하는 것이 좋다.

- 베트남에서 물은 꼭 사서 마시도록 하자. 베트남 수돗물에는 석회질이 많아 마시기에 부적합하며 양치질은 생수로 하는 것을 추천한다.

- 구글 지도에서 레스토랑, 숍 등의 위치가 다르게 나오는 경우가 있으니 주소를 확인하자.

- 특정 기저귀를 쓰지 않아도 된다면 아기 기저귀, 물티슈, 모래 놀이 용품 등은 다낭 롯데 마트에서 살 수 있으니 부피가 있는 짐은 최대한 줄이자.

- 베트남에 15일 이상 체류할 경우 비자를 발급받아야 하며 관광 무비자로 다녀왔어도 귀국 후 한 달 내에 재방문할 경우에 비자가 필요하니 유의하자.

오전 출발, 호이안 & 다낭 3박 5일

• DAY 1 • 인천 출발, 다낭 도착 후 호이안으로 이동　　**• DAY 2 •** 호이안 관광 후 다낭으로 이동

07 : 00
인천 출발

비행기 4시간 40분

09 : 40
다낭 공항 도착, 호이안으로 이동

자동차 50분

도보 10분

11 : 00
호이안 도착 후 올드 타운으로 이동 ♥

12 : 00
모닝글로리에서 점심 식사

도보 3분

14 : 00
호이안 로스터리에서 카페 쓰어다 마시기

도보 5분

15 : 30
호이안 시장, 가죽 거리 쇼핑

도보 7분

17 : 00
카고 클럽에서 저녁 식사

도보 3분

18 : 30
소원등 띄우기, 호이안 야시장 구경

도보 3분

20 : 00
호텔 스파에서 마사지 후 휴식

도보 10분

08 : 00
호텔 아침 식사 후
올드 타운으로 이동

09 : 00
내원교, 광동 회관,
득안 고가 등
올드 타운 관광

도보 10분

11 : 00
호텔 체크아웃 후
안방 비치로 이동

셔틀버스 약 20분

11 : 30
더 데크하우스
안방 비치에서 점심 식사,
해수욕 & 일광욕 즐기기

셔틀버스 약 20분

14 : 00
호텔에서 짐을 찾아
다낭으로 이동

자동차 50분

15 : 00
다낭 도착, 다낭 대성당 & 한 시장 관광

도보 2분

15 : 05
콩 카페에서 코코넛 커피 마시기

도보 2분

18 : 00
레트로 키친 앤 바에서
저녁 식사

도보 15분, 택시 3분

20 : 15
쏭한교 유람선을 타고
한 강 야경 감상

도보 2분

21 : 15
스카이 36에서 칵테일을 마시며 다낭 전경 감상

오전에 출발하는 항공편을 이용하면 도착하는 날도 관광을 할 수 있기 때문에 시간을 알차게 활용할 수 있으며
마지막 날도 다낭에서 저녁 늦게 출발하면 4일을 꽉 채워 여행 일정을 계획할 수 있다. 효율적인 이동을 위해 호텔은 관광지 근처에 잡는 것이 좋다.

• DAY 3 • 다낭 시내, 오행산 관광

08 : 00
분짜까 109에서 아침 식사

택시 7분

09 : 00
참 조각 박물관, 롱교 관광

택시 20분

11 : 00
오행산으로 이동, 투어썬,
암푸 동굴 등 관광

택시 10분

13 : 00
미케 비치로 이동,
람 비엔에서 점심 식사

도보 15분, 택시 4분

14 : 30
미케 비치에서 휴식

택시 6분

16 : 30
퀸 스파에서 마사지 받기

택시 5분

18 : 00
팻피쉬에서 저녁 식사 후
사랑의 다리에서 롱교 감상

택시 10분

20 : 00
빅 씨 마트로 이동하여 여행 선물 쇼핑

• DAY 4 • 바나 힐 관광, 다낭 출발

택시와 케이블카 1시간 30분

08 : 00
호텔 아침 식사 후
바나 힐로 이동

09 : 00
판타지 파크, 프렌치 빌리지 등
바나 힐 관광

택시와 케이블카 1시간 30분

15 : 00
다낭 시내로 돌아와 다낭 수비니어 &
카페에서 휴식 및 기념품 쇼핑

도보 6분

16 : 00
아지트 스파에서
마사지 받기

도보 6분

18 : 00
루나 펍에서 저녁 식사 후 공항으로 이동

택시 15분

22 : 45
다낭 출발

• DAY 5 • 인천 도착

05 : 00
인천 도착

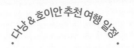

오후 출발, 다낭 & 호이안 4박 6일

• DAY 1 • 인천 출발, 다낭 도착

21 : 20
인천 출발

23 : 59
다낭 공항 도착, 호텔 휴식

비행기 4시간 40분

• DAY 2 • 린응사, 다낭 시내 관광

08 : 00
꽌 홍에서 퍼로 아침 식사

택시 20분

09 : 00
선짜 반도의 린응사로 이동, 관광 및 전망 감상

택시 20분

12 : 00
다낭 시내로 돌아와 마담 런에서 점심 식사

도보 3분

13 : 30
루남 비스트로에서 에그 커피 마시기

택시 5분

14 : 30
다낭 대성당, 한 시장 관광

도보 10분

15 : 30
참 조각 박물관 관람

도보 8분

18 : 00
피자 포 피스에서 저녁 식사

도보 4분

20 : 00
워터프런트에서 맥주를 마시며 한 강의 야경 감상

• DAY 3 • 오행산, 미케 비치 관광 후 호이안으로 이동

09 : 00
식스 온 식스에서 아침 식사

택시 20분

10 : 00
오행산으로 이동, 투이썬, 암푸 동굴 등 관광

택시 15분

13 : 00
미케 비치로 이동, 버거 브로스에서 점심 식사

14 : 00
엘 스파에서 마사지 받고 코히바에서 시원한 맥주 마시기

도보 1분

택시 5분

16 : 00
호텔에서 짐을 찾아 호이안으로 이동

자동차 50분

17 : 00
호이안 도착 후 야시장 구경

도보 3분

19 : 00
망고 룸스에서 저녁 식사

도보 1분

20 : 00
강가로 나와 소원등 띄우기

025

저녁에 출발하는 항공편으로 다낭에 가는 경우, 첫날은 바로 숙소로 이동하여 숙박하고 다음 날부터 일정을 시작하기 때문에
하루 정도 일정을 넉넉하게 잡는 것이 좋다. 만약 좀 더 일찍 도착하는 항공편을 이용한다면 호이안으로 바로 이동하는 것이 나으며 마지막 날
밤늦게 또는 그 다음 날 새벽에 출발하는 비행기를 타려면 미리 캐리어를 맡길 곳을 알아두는 것이 좋다.

• DAY 4 • 호이안 에코 투어, 올드 타운 관광

08 : 00
호텔 픽업 후 호이안 시장 구경

도보 10분

09 : 00
모터보트를 타고 껌탄 마을로 이동

보트 30분

09 : 30
껌탄 마을 도착, 바구니 배 투어

11 : 00
레스토랑으로 이동,
쿠킹 클래스 참가

바구니 배 1시간

자동차 20분

13 : 30
호텔 드롭 오프 후 올드 타운으로 이동

도보 10분

14 : 00
내원교, 떤끼 고가, 푸젠 회관 등
올드 타운 관광

도보 10분

15 : 00
코코 박스에서 주스를 마시며
기념품 쇼핑

도보 7분

16 : 00
마담 칸에서 호이안 3대 반미 맛보기

도보 5분

17 : 00
팔마로사 스파에서 마사지 받기

도보 6분

도보 4분

18 : 30
호이안 극장에서 수상 인형극 관람

19 : 30
화이트 로즈 레스토랑에서 저녁 식사

• DAY 5 • 호이안에서 다낭으로 이동

09 : 00
로지스 카페에서 간단한 아침 식사

도보 3분

10 : 00
리칭 아웃 티하우스에서 차를 마시며 휴식

도보 10분

12 : 00
호텔 체크아웃 후
다낭으로 이동

자동차 50분

13 : 00
짐을 맡긴 후
리몬첼로에서 점심 식사

도보 5분

14 : 30
블러바드 젤라토 &
커피에서 후식 즐기기

택시 15분

16 : 00
롯데 마트로 이동하여 여행 선물 쇼핑

택시 15분

19 : 00
암 툭 쎄오에서 저녁 식사 후
공항으로 이동

• DAY 6 • 다낭 출발, 인천 도착

01 : 30
다낭 출발

07 : 50
인천 도착

비행기 4시간 20분

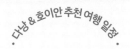

호이안&다낭 리조트 여행 4박 5일

• DAY 1 • 인천 출발, 다낭 도착 후 호이안으로 이동   **• DAY 2 •** 쿠킹 클래스, 안방 비치 휴식

11 : 20 인천 출발

비행기 4시간 40분

13 : 55 다낭 공항 도착, 호이안으로 이동

자동차 50분

15 : 30 호이안 리조트 도착 후 올드 타운으로 이동

택시 5~10분

17 : 00 호이안 올드 타운 산책 후 파이포 커피에서 휴식

도보 3분

18 : 00 홈 호이안에서 저녁 식사

도보 3분

18 : 30 소원등 띄우기, 호이안 야시장 구경

도보 3분

20 : 00 화이트 마블 와인 바&레스토랑에서 와인 즐기기

도보 10분

09 : 00 리조트 아침 식사 후 호텔 픽업, 호이안 시장 구경

09 : 30~11 : 30 쿠킹 클래스 참가&점심 식사

도보 10분, 택시 5분

12 : 00 에스프레소 스테이션에서 코코넛 커피 마시기

택시 15분

14 : 00 안방 비치의 소울 키친에서 시원한 음료를 마시며 일광욕 즐기기

택시 15분

16 : 00 리조트로 돌아와 수영장, 스파 등 리조트 시설 즐기기

도보 5~10분

19 : 00 더 힐스테이션에서 저녁 식사&와인, 맥주 마시기

스파에서 마사지를 받고 리조트에서 느긋하게 쉬면서 그동안 쌓인 피로와 스트레스를 날려버리는
휴가를 원한다면 여러 관광지를 바쁘게 돌아다니는 일정보다는 가보고 싶은 곳과 먹고 싶은 것을 골라서 즐기는 일정을 계획하자.
이 일정에서는 항공편도 너무 이른 아침이나 밤늦은 시간에 출발하는 것보다는 이용하기 편한 것을 선택하자.

• DAY 3 • 다낭 리조트로 이동, 오행산 관광

자동차 50분

10 : 00
리조트 아침 식사 후 다낭으로 이동

11 : 00
다낭 리조트 도착,
전용 비치 또는
수영장에서 휴식

택시 2~5분

13 : 00
바빌론 스테이크 가든에서 점심 식사

택시 10분

14 : 00
오행산으로 이동, 투이썬, 암푸 동굴 등 관광

택시 20분

17 : 00
다낭 시내로 이동, 콩 카페에서
코코넛 커피 마시기

도보 2분

18 : 00
랑게 레스토랑에서 저녁 식사

도보 10분

20 : 30
스카이 36에서 칵테일을 마시며
다낭 전경 감상

• DAY 4 • 바나 힐, 다낭 시내 관광

택시와 케이블카 1시간 30분

08 : 00
리조트 아침 식사 후
바나 힐로 이동

09 : 00
판타지 파크, 프렌치 빌리지 등
바나 힐 관광

택시와 케이블카 1시간 30분

15 : 00
다낭 시내로 돌아와 다낭 대성당,
참 조각 박물관 관람

도보 4분

16 : 00
목 미엔 가든 카페에서 휴식

택시 10분

18 : 00
올리비아스 프라임 그릴 & 바에서
저녁 식사

도보 1분

19 : 00
사랑의 다리에서
롱교 감상

택시 15분

20 : 00
리조트 스파에서 마사지 받기

• DAY 5 • 여행 선물 쇼핑 & 다낭 출발, 인천 도착

09 : 00
리조트 아침 식사

택시 10분

10 : 00
롯데 마트에서 여행 선물 쇼핑

택시 20분

13 : 00
4U 비치 레스토랑에서
점심 식사 후 공항으로 이동

택시 10분

15 : 30
다낭 출발

비행기 4시간 35분

22 : 05
인천 도착

다낭(후에 투어) & 호이안 4박 6일

• DAY 1 • 인천 출발, 다낭 도착 후 시내 관광

07 : 00
인천 출발

비행기 4시간 40분

09 : 40
다낭 공항 도착, 시내로 이동

택시 10분

12 : 00
호텔에 짐을 맡기고
하노이 쓰어에서 점심 식사

13 : 00
다낭 대성당, 한 시장 관광

도보 15분, 택시 7분

도보 5분

14 : 30
하이랜드 커피에서 핀 쓰어다 마시기

도보 5분

15 : 30
페바 초콜릿에서 쇼핑

도보 5분

16 : 00
참 조각 박물관 관람

도보 4분

18 : 00
피자 포 피스에서 저녁 식사

도보 4분

20 : 00
롱교 선착장에서 타우롱 쑝한 유람선 타기

• DAY 2 • 후에 왕궁 투어

09 : 00
호텔 픽업 후 다낭 출발

자동차 30분

09 : 30
하이반 패스에서 휴식

자동차 1시간 30분

11 : 00~15 : 00
후에 도착 후 점심 식사 및 후에 왕궁 투어

전용 차량 및 도보 4시간

16 : 00
카페에서 휴식 후, 후에 출발

자동차 2시간

18 : 00
다낭 호텔 도착

도보 5~10분

19 : 00
레트로 키친 앤 바에서 저녁 식사

도보 10분

20 : 00
스카이 36에서 칵테일을 마시며
다낭 전경 감상

짧은 휴가 일정 중에 다낭과 호이안, 후에까지 모두 관광하고 싶다면 다낭에서 다녀오는 후에 일일 투어를 이용하자.
신비로운 고대 유적에 관심이 많고 호이안에서의 일정이 여유가 있다면 참파 왕국의 성지였던 미선 유적지 투어도 다녀오면 좋다.

• DAY 3 • 린응사, 오행산 관광 후 호이안으로 이동

• DAY 4 • 호이안 올드 타운 관광, 안방 비치에서 휴식

08 : 00
퍼 푸자 하노이에서
아침 식사

택시 20분

09 : 40
선짜 반도의 린응사로 이동, 관광 및 전망 감상

택시 20분

12 : 00
다낭 시내로 돌아와
미 AA 해피 브레드에서 점심 식사

13 : 00
오행산으로 이동, 투이썬,
암푸 동굴 관광

택시 20분

택시 20분

17 : 00
다낭 시내로 돌아와 짐을 찾은 후
호이안으로 이동

자동차 50분

18 : 00
호이안 도착 후 야시장 구경

도보 3분

19 : 00
비스 마켓 레스토랑에서 저녁 식사

도보 1분

20 : 00
강가로 나와 소원등 띄우기

08 : 30
호텔 아침 식사 후
올드 타운으로 이동

도보 10분

09 : 00
내원교, 득안 고가,
푸젠 회관 등 올드 타운 관광

도보 10분

11 : 00
코코바나 티룸에서 족욕 & 차 즐기기

택시 20분

12 : 30
안방 비치로 이동, 더 데크하우스
안방 비치에서 점심 식사

도보 3분

14 : 00
라 플라주에서 음료를 마시며
해수욕 & 일광욕 즐기기

택시 20분

17 : 00
올드 타운으로 돌아와
호이안 로스터리에서 커피 마시기

도보 3분

도보 10분

18 : 00
믹스 레스토랑에서 저녁 식사

20 : 00
호텔 스파에서 마사지 후 휴식

• DAY 5 • 미선 유적지 투어, 다낭으로 이동

08 : 00
호텔 픽업, 미선 유적지로 출발

전용 버스 1시간 30분

10 : 00
미선 유적지 도착, 가이드 투어

버기카 및 도보 2시간

12 : 00
투어 종료 후 호이안으로 이동

전용 버스 1시간 30분

13 : 30
자동차 50분 호텔 도착, 짐을 찾아 다낭으로 이동

15 : 00
롯데 마트로 이동하여 짐을 맡긴 후 여행 선물 쇼핑

18 : 00
롯데 마트에서 저녁 식사 후 공항으로 이동

택시 15분

22 : 45
다낭 출발

• DAY 6 • 인천 도착   **05 : 00**
인천 도착

다낭

바나힐

오행산

하이반 패스

호이안

후에

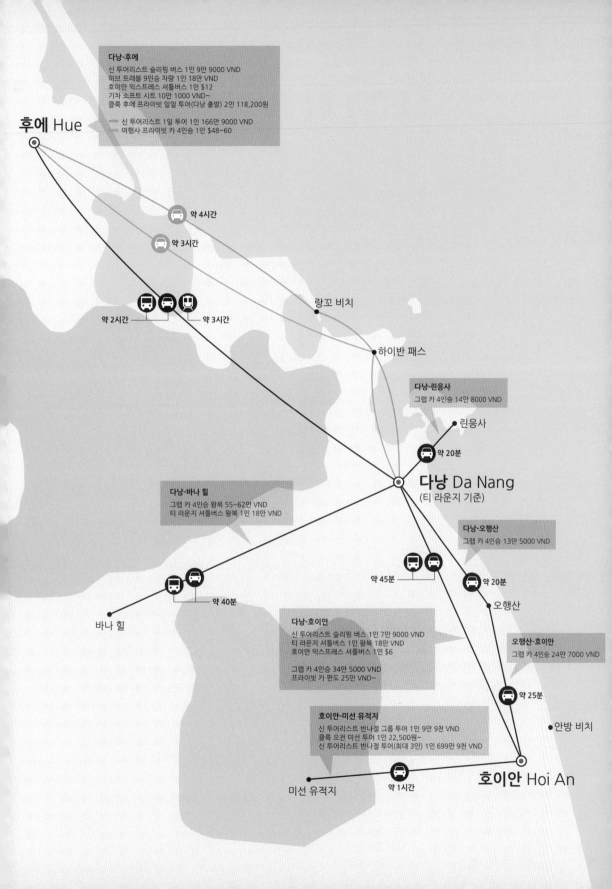

다낭-후에
신 투어리스트 슬리핑 버스 1인 9만 9000 VND
허브 트래블 9인승 차량 1인 18만 VND
호이안 익스프레스 셔틀버스 1인 $12
기차 소프트 시트 10만 1000 VND~
클룩 후에 프라이빗 일일 투어(다낭 출발) 2인 118,200원

━━━ 신 투어리스트 1일 투어 1인 166만 9000 VND
━━━ 여행사 프라이빗 카 4인승 1인 $48~60

후에 Hue

약 4시간
약 3시간

약 2시간 ┃━━┃ 약 3시간

랑꼬 비치

하이반 패스

다낭-린응사
그랩 카 4인승 14만 8000 VND

린응사

약 20분

다낭 Da Nang
(티 라운지 기준)

다낭-바나 힐
그랩 카 4인승 왕복 55~62만 VND
티 라운지 셔틀버스 왕복 1인 18만 VND

다낭-오행산
그랩 카 4인승 13만 5000 VND

약 45분

약 20분

약 40분

바나 힐

오행산

오행산-호이안
그랩 카 4인승 24만 7000 VND

다낭-호이안
신 투어리스트 슬리핑 버스 1인 7만 9000 VND
티 라운지 셔틀버스 1인 왕복 18만 VND
호이안 익스프레스 셔틀버스 1인 $6

그랩 카 4인승 34만 5000 VND
프라이빗 카 편도 25만 VND~

약 25분

안방 비치

호이안-미선 유적지
신 투어리스트 반나절 그룹 투어 1인 9만 9천 VND
클룩 오전 미선 투어 1인 22,500원~
신 투어리스트 반나절 투어(최대 3인) 1인 699만 9천 VND

약 1시간

미선 유적지

호이안 Hoi An

DA NANG

베트남 중부의 아름다운 항구도시 다낭은 최근 우리나라 관광
객들에게 가장 사랑받는 동남아시아 여행지로 급부상한 곳이
다. 골목마다 넘쳐나는 맛있는 베트남 요리와 분위기 좋은 카페
에서 마시는 달콤한 베트남 커피, 대형 마트에서 부담 없이 즐
기는 쇼핑은 몇 번이고 다낭을 다시 찾는 이유가 된다. 도심에
서 자동차로 10분 거리의 미케 비치에는 고급 리조트가 늘어서
있어 휴양을 목적으로 한다면 비치 쪽에 숙소를 잡는 것도 괜찮
다. 다낭 시내와 미케 비치, 주변의 호이안과 후에까지 다녀오
려면 다낭에서의 일정을 여유롭게 잡는 것이 좋다.

다낭 대성당 Nhà Thờ Chính Tòa Đà Nẵng
프랑스 식민지 시대에 지어진
핑크빛의 고딕 양식 성당

하이반 패스 Đèo Hải Vân
해발 496m의 베트남에서 가장 높고
경치가 좋은 고갯길

미케 비치 Bãi Biển Mỹ Khê
다낭 시내와 인접한 약 10km에 이르는
백사장을 자랑하는 해변

바나 힐 Bà Nà Hills
유럽의 중세 마을을 연상시키는 건축물, 놀이 기구
등으로 가득한 테마파크

린응사 Chùa Linh Ứng
선짜 반도에 있는 불교 사원으로 67m 높이의
해수관음상이 있는 곳

오행산 Ngũ Hành Sơn
마블 마운틴, 응우한선으로도 불리는 베트남인들
의 민간신앙을 대변하는 산

논느억 비치 Bãi Biển Non Nước
대형 리조트가 줄지어 있고 부드러운
백사장이 길게 이어진 해변

바나 힐

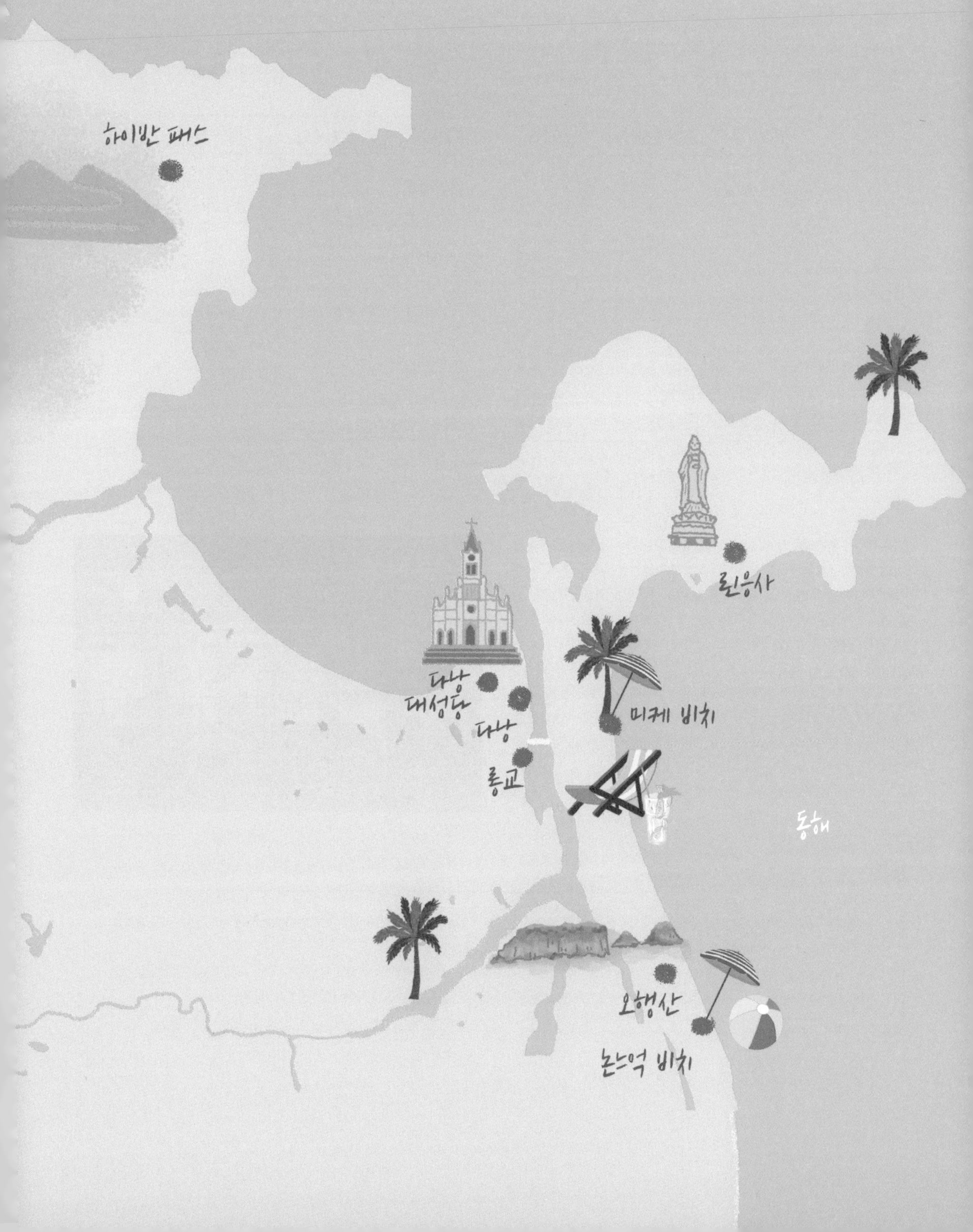

하이반 패스

린응사

다낭
대성당
다낭
롱교

미케 비치

동해

오행산

논느억 비치

다낭 찾아가기

우리나라(인천, 부산, 대구)에서 다낭까지는 대한항공, 아시아나항공을 비롯해 다양한 저가 항공과 베트남항공 등을 이용해 들어갈 수 있다. 항공사별로 직항 편을 매일 1회 혹은 2~3회 운항하고 있으며 부산, 대구에서 출발 시 이용할 수 있는 항공사가 제한적이다. 스케줄은 변동될 수 있으니 예약 시점에 다시 확인하자.

항공사	인천 출발	다낭 도착	항공사	인천 출발	다낭 도착
대한항공	11:05	13:50	제주항공	10:40	13:20
	18:40	21:25		21:15	24:30
아시아나항공	18:50	21:35	티웨이항공	07:45	10:25
진에어	07:40	10:00		20:25	23:10
	17:15	20:00	에어서울	22:20	01:20
	20:50	23:30	비엣젯항공	06:15	08:55
이스타항공	20:30	23:10		07:00	09:40
베트남항공	11:20	14:15	인천에서 다낭까지는 4시간 40분~5시간 소요된다.		

다낭 국제공항 Da Nang International Airport

다낭 시내에서 동쪽으로 2Km 정도 떨어진 곳에 있는 다낭 국제공항은 베트남에 있는 3개의 주요 국제공항 중 하나다. 150개 이상의 국제선과 국내선 노선이 운행되며 하루에 평균 1만 5000명의 승객이 이 공항을 이용한다. 공항 내에는 롯데 면세점과 베트남 전통 기념품점, 레스토랑, 카페 등의 시설이 있으며 입국 심사를 받고 수하물 찾는 곳으로 가면 SIM 카드를 판매하는 부스들이 몰려 있다. 짐을 찾은 후 공항 밖으로 나와 왼쪽으로 가면 여러 은행의 환전소가 모여 있다. 달러로 환전해 온 경우, 공항 환전소에서 필요한 금액만큼 베트남 동으로 환전하고 이동하면 된다. 환전율이 좋은 곳은 한 시장 주변 금은방, 롯데 마트 4층 환전소(여권 번호 필요) 등이며 공항 환전소가 호텔보다는 나은 편이다.

@ danangairportterminal.vn

공항 환전소

• 환전은 미국 달러($100짜리)를 준비해 현지에서 동(VND)으로 바꾸는 것이 더 유리하다. 환전 후 금액이 맞는지 확인해야 하며 달러나 동 상관 없이 찢어진 화폐는 사용할 수 없으니 환전할 때나 거스름돈을 받을 때 꼼꼼히 체크하자.
• 다낭 공항에서 유심을 구입할 경우 사용하던 유심 칩을 판매하는 경우가 종종 있다. 남은 데이터 용량을 확인할 수 없는 기간제 무제한 유심을 사는 경우 사기를 당할 확률이 높다. 유심은 새것을 끼워주는지, 용량 확인이 가능한 것을 구입한 경우 데이터 잔량이 맞는지 확인하자.

다낭 국제공항에서 시내로

1 | 택시

공항에서 다낭 시내와 미케 비치까지는 차로 10~25분이면 닿을 수 있고 늦은 시간에 도착하는 경우가 많아 택시를 가장 많이 이용한다. 다낭 국제공항은 미터 요금 외에 공항으로 들어갈 때는 통행료(4인승 1만 VND, 7인승 1만 5000 VND)가 붙는다. 공항 청사를 나와 횡단보도를 하나 건너면 택시 승강장이 있으며 공항에서 다낭 시내와 미케 비치, 논느억 비치 등 숙소가 위치한 대표 지역까지의 요금은 다음과 같으니 참고하자.

다낭 공항 → 다낭 시내 및 비치 평균 택시 요금

- 다낭 시내 10만 VND
- 미케 비치 위쪽 12만 VND
- 미케 비치 13~15만 VND
- 논느억 비치 16~23만 VND
- 논느억 비치 아래쪽 25~30만 VND

2 | 그랩

차량 공유 서비스인 그랩을 이용해 호텔로 이동하는 경우도 많으며 일반 택시보다 가격이 저렴한 편이다. 단, 공항에서 나와 스마트폰을 보고 있으면 예약된 그랩 차량 기사인 척 다가오거나 화면을 보여주며 화면에 뜬 금액에 갈 수 있다고 호객 행위를 하는 기사도 있다. 그랩으로 예약한 경우 본인이 예약한 차량이 맞는지 꼭 확인하고 호객 행위를 하는 사람은 피하도록 하자. 자세한 정보는 다낭 시내 교통의 그랩 참고.

3 | 호텔 트랜스퍼 혹은 여행사 픽업 서비스

대부분의 호텔, 리조트, 게스트하우스 등에서 유료 트랜스퍼 서비스를 제공하며 객실 등급에 따라 포함된 경우도 있다. 택시보다 요금은 더 높지만 예약한 숙소로 안전하게 바로 이동할 수 있어 편리하다. 호텔 예약과 같이 픽업 서비스를 포함해주는 여행사가 많으며 트랜스퍼 서비스만 예약할 수 있는 업체도 많으니 잘 비교하여 선택하면 된다.

다낭 시내 교통

다낭은 시내 대중교통이 잘 발달되지 않아 관광객은 대부분 택시를 이용하고 현지인은 '오토바이 택시'인 쎄옴Xe Ôm이나 버스를 탄다. 그나마 여행객이 가장 이용하기 편리한 버스 노선은 1번으로 다낭 기차역, 대성당, 참 조각 박물관, 오행산 등을 거쳐 호이안까지 연결된다. 버스 요금은 2만 VND이지만 관광객, 외국인에게는 3~6만 VND까지 받는다. 에어컨 버스도 아니니 가급적 택시를 이용하여 다니는 것을 추천한다.

버스 정류장 표시

1 | 택시 Taxi

베트남에서 규모가 가장 큰 택시 회사는 마이린MAI LINH(초록색)이며 비나선 VINASUN(흰색)과 티엔사TIÊN SA(노란색)도 많이 볼 수 있다. 기본요금은 회사, 차량 크기, 탑승 허용 인원에 따라 차이가 있으며 6000~1만 2000 VND이다. 미터기에는 보통 소수점으로 나오며 간혹 금액이 그대로 표시되는 미터기도 있다. 소수점으로 표시된 경우 곱하기 1000을 하면 된다.
예) 96.0=96000 VND / 12.1=12100 VND / 100.2=100200 VND

택시 이용 시 주의 사항

- 호객하는 택시는 피하기
- 출발 전 미터기를 켜고 운행하는지 확인하기
- 택시 요금이 인당 가격이라고 우기는 경우도 있으니 주의하기
- 우회하여 가는 경우도 있으니 GPS, 구글맵 등을 켜고 이동하기
- 거스름돈 확인하고 하차하기
- 1000 VND 이하의 잔돈은 거슬러주지 않는 편이니 소액 지폐 준비하기

마이린   비나선   티엔사

2 | 그랩 Grab

우버 시스템과 비슷하며 Grab 앱으로 차량을 부르면 소요 시간, 요금을 미리 확인할 수 있다. 그랩 애플리케이션 설치 시 인증 번호를 받아야 하니 한국에서 미리 설치하고 가는 것이 좋다. 그랩은 일반 차량, 택시, 오토바이가 있어 화면에 여러 선택 사항이 뜨니 잘 확인하고 이용하자.

@ www.grab.com/vn/en

그랩 이용법

1 | 스마트폰에 그랩 애플리케이션을 다운받아 계정 만들기
2 | 그랩 애플리케이션을 켜면 자동으로 본인 위치 인식, 목적지 입력(지도에
　　서도 선택 가능)
3 | 택시(GrabTaxi) 또는 일반 차량(4인승(GrabCar 4 chỗ) / 7인승
　　(GrabCar 7 chỗ) 중 원하는 차종 선택
4 | 차량과 운전자 정보가 나오면 확인
5 | 차량이 도착하면 차량 번호 확인 후 탑승

그랩 종류와 예시 요금

아래 요금은 그랩 앱에서 다낭 국제공항 기준으로 도착지를 노보텔 다낭 프리미어 한 리버로 넣었을 때 뜨는 7개의 요금이다. K는 천 단위로 일반 그랩카를 이용할 경우 호텔까지 7만 2000 VND이 나오는 것을 볼 수 있다. 요금은 공항 출발 위치에 따라 약간 차이 날 수 있다. 공항에서 다낭 시내로 가는 것은 10만 VND 미만인데 몇 시간 동안 이용할 수 있는 대절 차량의 가격을 보여주며 52만 VND이라고 속이는 경우가 있으니 주의하자. 떠나기 전에 대략적인 그랩 요금이 궁금하다면 한국에서 미리 확인할 수도 있다. 인증 절차를 마친 그랩 앱을 켜고 지도를 축소해 핀의 위치를 다낭으로 옮겨 출발지, 목적지를 넣으면 요금을 확인할 수 있다. 단, 요금만 확인하고 예약 버튼은 누르지 말자.

Economy ⓘ		
GrabCar 4 seats	VND **72K** 1 - 3 min	**GrabCar** 개인 소유의 4인승 차량이다.
GrabBike	VND **26K** 5 - 8 min	**GrabBike** 오토바이로 관광객은 이용할 일이 거의 없다.
GrabCar 7 7 seats	VND **90K** 1 - 3 min	**GrabCar 7** 개인 소유의 7인승 차량이다.
GrabCar Plus	VND **90K** 1 - 3 min	**GrabCar Plus** 일반 그랩카보다 차종이 좀 더 좋다.
GrabTaxi	VND **92K - 102K** 2 - 4 min	**GrabTaxi** 영업용 택시로 앱에는 예상 금액이 나온다. 미터기로 운행하기 때문에 최종 금액은 목적지에 도착해야 알 수 있다.
Grab Tuyến 4 Chỗ	VND **520K** 1 - 3 min	**Grab Tuyến 4 Chỗ** 4인승 대절 차량
Grab Tuyến 7 Chỗ	VND **620K** 1 - 3 min	**Grab Tuyến 7 Chỗ** 7인승 대절 차량

그랩Grab 설치 및 이용 방법

1 | 그랩 앱 다운로드

구글 플레이나 앱 스토어에서 Grab을 검색해 Grab-Transport, Food Delivery, Payments를 받으면 된다. Grab Driver는 그랩 기사 전용 앱이니 참고하자.

2 | 회원 가입

페이스북, 구글, 전화번호 3개 중 하나를 선택해 가입하면 되는데 페이스북이나 구글 계정을 선택해도 전화번호 인증을 해야 한다. 한국에서 미리 인증을 해두면 다낭 공항에서 유심을 구입해 바꿔 끼워도 바로 사용할 수 있어 훨씬 편리하다.

3 | 출발지 확인 및 목적지 입력

출발지는 GPS 기능으로 내 위치가 자동으로 잡히지만 지도에서 다시 정확한 위치를 확인하고 목적지를 입력하자. 지도에서 핀을 움직여 위치를 조정할 수도 있다.

4 | 차량 선택 및 요금 확인

목적지를 입력하면 루트와 요금이 나오고 차량을 선택할 수 있다. 알맞은 차량 선택 후 예약 버튼 'Book'을 누른다.

5 | 차량 매칭

가까이 있는 운전자를 찾아준다는 'Finding you a nearby driver' 문구와 함께 차량을 매칭하기 시작한다. 매칭이 완료되면 차량 번호와 차종, 기사 얼굴과 이름, 평점이 나온다.

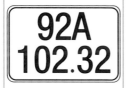

6 | 차량 확인 후 승차

차가 도착하면 예약한 차량 번호가 맞는지 확인 후 승차하면 된다. 기사가 고객을 찾지 못하거나 시간이 걸리는 경우 채팅 창으로 메시지를 보내기도 한다. 이때 장소나 입고 있는 의상 등을 간단히 알려주거나 사진을 찍어서 보내면 좋다. 예) I'm in front of 장소. / I'm wearing a flower printed dress.

7 | 도착 및 결제

목적지에 도착하면 결제(현금 혹은 등록된 신용카드)하고 하차하면 된다. 단, 신용카드 등록은 현지에서 가능하며 인증 문자를 받아야 한다. 유심을 사용할 예정이라면 공항에서 Wi-Fi를 이용해 신용카드 등록 후 바꿔 끼도록 하자.

TIP

❶ 경로 찾기 → ❷ 상단 오른쪽 아이콘 클릭 →
❸ 하단 앱 열기 버튼 클릭 → ❹ 그랩 앱과 연동

그랩 앱에서는 목적지를 한글로 검색하는 데 한계가 있다. 이럴 때는 구글 지도 앱을 활용하면 된다. 구글 지도에서 경로 찾기를 한 후 상단 맨 오른쪽에 있는 아이콘을 누르면 화면 하단에 앱 열기 버튼이 뜬다. 앱 열기를 누르면 그랩 앱과 연동되어 더 쉽게 이용할 수 있다.

3 | 코코 버스 투어 Coco Bus Tour

관광레저 복합단지인 코코베이에서 운영하는 베트남의 첫 번째 2층 오픈 투어 버스로 자신이 원하는 곳에서 내렸다가 관광 후에 다음 버스를 타는 Hop on / Hop off 방식이다. 총 3개의 루트가 있으며 티켓은 다낭 국제공항, 다낭 시내 비지터 센터108 Bạch Đằng 및 버스에 승차해서도 구입할 수 있다. 가격은 17만 VND이며 구입 시점부터 24시간 유효하다. 지도에는 비치와 시티 루트만 표시했으니 자세한 루트는 홈페이지를 참고하자.

@ cococitytour.vn/en

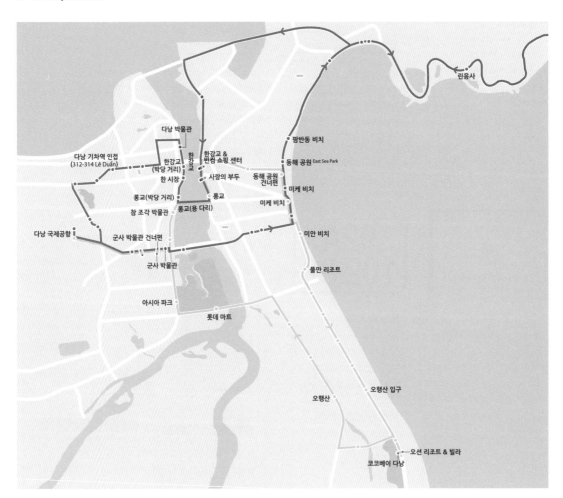

비치 루트Yellow Line

공항 → 코코베이 다낭 주요 정류장
다낭 국제공항 - 군사 박물관 - 참 조각 박물관 - 롱교(용 다리, 사랑의 부두 쪽) - 사랑의 부두 - 한강교 & 빈컴 쇼핑센터 - 동해 공원East Sea Park 건너편 - 미케 비치 - 미안 비치 - 풀만 리조트 - 오행산 입구 - 코코베이 다낭

코코베이 다낭 → 공항 주요 정류장
코코베이 다낭 - 오션 리조트 & 빌라 - 오행산 - 롯데 마트 - 아시아 파크 - 군사 박물관 건너편 - 다낭 국제공항

시티 루트 Purple Line

공항 → 다낭 시내 → 공항 주요 정류장

다낭 국제공항 - 군사 박물관 - 미안 비치 - 미케 비치 - 동해 공원 - 팜반동 비치 - 린응사 - 한강교 & 빈컴 쇼핑센터 - 사랑의 부두 - 롱교(용 다리, 박당 거리 쪽) - 한 시장 - 한강교(박당 거리 쪽) - 다낭 박물관 - 다낭 대학교 - 다낭 기차역 근처(312~314 Lê Duẩn) - 다낭 국제공항

코코베이 다낭 · 호이안 루트

코코베이 다낭 ↔ 호이안 정류장

코코베이 다낭 - 비나하우스Vinahouse - 뉴 호이안 시티 - 하이바쯩 버스 주차장(수상 인형 극장 건너편) - 뉴 호이안 시티 - 포시즌 남하이 리조트 - 코코베이 다낭

비치 루트 시간표

코코베이 다낭 출발	다낭 공항 도착	다낭 공항 출발	코코베이 다낭 도착
08:00	08:40	08:45	09:40
45분 간격으로 운행			
19:00	19:40	19:45	20:40

시티 루트 시간표

다낭 공항 출발	린응사 도착	한 시장 도착	다낭 공항 도착
08:50	09:30	09:55	10:25
45분 간격으로 운행			
17:05	17:45	18::10	18:40

코코베이 다낭 · 호이안 루트

코코베이 다낭 출발	호이안 도착	호이안 출발	코코베이 다낭 도착
10:15	10:50	11:00	11:30
13:15	13:50	14:15	14:45
15:15	15:50	16:15	16:45
17:15	17:50	18:15	18:45
19:15	19:50	20:15	20:45

DA NANG
TRAVEL HIGHLIGHT

한 강 Han River | Sông Hàn

다낭 중심부를 관통하며 흐르는 한 강은 다낭의 밤을 더욱 낭만적으로 만든다. 강을 따라 강변 도로인 박당 거리Dường Bạch Đằng가 조성되어 있어 산책을 즐길 수 있으며 이 거리를 따라 수많은 강변 카페와 레스토랑, 호텔이 자리 잡고 있다. 한 강에 있는 여러 다리 중 가장 유명한 다리는 '한 강 다리'라는 뜻의 쏭한교Cầu Sông Hàn와 용 모양 장식이 있는 롱교Cầu Rồng이며 이 두 다리는 밤이면 조명으로 더욱 화려하게 빛난다.

📍 다낭 시내 중심부

TIP

한 강 유람선 타기

- 시원한 강바람을 맞으며 한 강의 야경을 느긋하게 감상하거나 롱교의 불쇼를 보고 싶다면 한 강 유람선을 타보자. 여러 회사의 유람선이 운행 중인데 노보텔 또는 롱교 근처에서 출발하는 유람선을 많이 이용한다. 주말에는 롱교의 불쇼를 보려는 사람들로 저녁 8시대에 출발하는 유람선이 인기 있다.

- **쏭한 유람선**Du Thuyền Sông Hàn(duthuyensonghan.net) 매일 저녁 7시, 8시 15분, 9시 30분에 노보텔 근처 선착장에서 출발한다. 유람선 운항 시간은 1시간 정도이며 요금은 배에 따라 1인 10~15만 VND이다.

- **타우롱 쏭한 유람선**Tàu Rồng Sông Hàn(taurongsonghan. com.vn/en) '드래건 보트'라는 뜻의 이 유람선은 매일 저녁 6시와 8시에 롱교 근처 선착장에서 출발한다. 유람선 운항 시간은 1시간 30분 정도이며 요금은 1인 10만 VND이다.

롱교 Dragon Bridge | Cầu Rồng

길이 666m, 넓이 37.5m의 6차선 도로를 가진 다리로 다낭의 상징이라고도 할 수 있다. 다리에 있는 용 모양 조형물 때문에 '용 다리'라는 뜻의 이름을 갖고 있는데, 밤에는 이 조형물이 다양한 색의 조명으로 바뀌어 관광객들에게 사진 촬영 스폿으로 사랑받고 있다. 매주 토요일, 일요일과 공휴일 저녁 9시에는 용의 머리에서 불과 물이 뿜어져 나오는 재미있는 쇼가 펼쳐지는데, 이 쇼를 가장 잘 볼 수 있는 장소로는 사랑의 다리, 다낭 리버사이드 호텔의 루프톱 바, 한 강 유람선 등이 꼽힌다.

📍 참 조각 박물관에서 도보 2분

쏭한교 Han River Bridge | Cầu Sông Hàn

길이 약 487m, 넓이 약 12m의 현대적 다리로 2000년에 완공되었다. 베트남에 건설된 최초의 선개교이며 매주 주말 밤 11시에는 선박이 지나가기 위해 15~20분 정도 다리 중심부가 회전하여 열린다.

📍 한 시장에서 도보 6분

사랑의 다리 Love Bridge | Cầu Tàu Tình Yêu

롱교 근처에 만들어진 사랑의 다리는 연인들이 사랑의 자물쇠를 걸어놓는 파리 센강의 퐁데자르나 우리나라 남산 타워를 모델 삼아 디자인된 건축물로 이름은 다리이지만 한쪽 강변에서 짧게 뻗어 나온 부두 같은 형태다. 밤이면 하트 모양의 조명이 켜져 로맨틱한 분위기가 연출되는 이 다리는 주말 밤 롱교의 불쇼가 가장 잘 보이는 장소로도 유명하다. 다리가 시작되는 부분에 있는 7.5m 높이의 하얀 대리석 분수는 용으로 변하는 잉어를 형상화한 것이다.

📍 롱교 근처 동쪽 강변

참 조각 박물관
Museum of Cham Sculpture | Bảo Tàng Điêu Khắc Chăm

베트남 중부지방에 있던 고대 참파Chăm Pa 왕국의 유물을 전시하는 박물관으로 세계 최대의 참파 유물 컬렉션을 자랑한다. 프랑스 극동 연구원L'École Francaise d'Extrême Orient(EFEO)이 주변 지역에서 발굴된 유물을 보관하기 위해 설립했으며 1919년 박물관으로 문을 열었다. 아름다운 프렌치 콜로니얼 양식의 건물 안에 발굴된 지역별로 전시실이 나뉘어 있으며 제단, 신상, 신전을 장식했던 부조 등 500여 점의 다양한 유물을 전시하고 있다. 유명한 전시물은 짜끼에우Trà Kiệu 전시실의 링가(힌두교에서 시바 신의 남근을 상징)와 요니(힌두교에서 샤크티 여신의 생식기를 상징)가 얹혀 있는 제단, 미선Mỹ Sơn 전시실에 있는 제단과 신상들, 동즈엉Đồng Dương 전시실에 있는 타라 불상, 땁맘Tháp Mắm 전시실에 있는 마카라 장식 등이다.

📍 롱교 근처 서쪽 강변
🏠 No 02, đường 2-9
🕐 07:00-17:00
VND 성인 6만 VND, 18세 이하 무료
@ chammuseum.vn/en

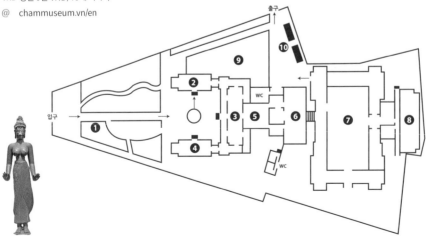

박물관 내부 지도
→ 관람 순서
1 매표소
2 리셉션 홀
3 짜끼에우 전시실
4 땁맘 전시실
5 미선 전시실
6 동즈엉 전시실
7 1층 / 2층 특별 전시실
8 박물관 사무실
9 카페테리아
10 기념품 숍

TIP

참파Chăm Pa 왕국

192~1832년까지 약 1600년 동안 베트남 중남부 지역에 있던 참파 왕국은 참족이 세운 나라로 미선(p.157)은 참파 왕국의 수도이자 종교적 중심지였다. 멸망 이후에는 응우옌 왕조에 흡수되었으며 하이반 패스는 15세기까지 베트남과 참파 왕국의 국경이었다. 베트남 문화에 큰 영향을 준 참파 왕국은 6세기에 전성기를 맞아 힌두교의 영향을 받은 건축물을 많이 지었다. 힌두교와 불교가 결합된 참파 문화의 성지로 꼽히는 미선 유적지와 참 조각 박물관을 함께 관람하면 좀 더 쉽게 참파 문화에 다가갈 수 있다.

알고 보면 더 재미있는 참 조각 박물관

시바 Shiva(Siva)
힌두교 3대 신 중 파괴의 신
파괴, 변형, 재창조 등 다양한 역할을 수행하며 이마에 제3의 눈이 있으며 한 손에 삼지창을 들고 있다.

브라흐마 Brahma
힌두교 3대 신 중 창조의 신
불교에서는 범천梵天이라 부르며 4개의 팔과 4개의 얼굴로 묘사된다.

비슈누 Vishnu
힌두교 3대 신 중 보존의 신
우주의 질서와 세계를 보호하는 신으로 보통 4개의 팔에 연꽃, 소라고동, 곤봉, 차크람(원반)을 들고 있다.

락슈미 Laksmi
부와 행운을 관장하는 미의 여신
비슈누의 아내로 연화좌에 앉거나 연꽃을 들고 서 있는 모습으로 많이 묘사된다.

두르가 Durga
학살의 여신
시바의 아내이지만 함께 묘사되는 경우가 거의 없을 정도로 독립적이고 강력한 힘을 가진 신으로 알려져 있다.

압사라 Apsara
물의 정령이자 천상의 무희
힌두교의 전설을 내용으로 하여 구성된 캄보디아 크메르족의 전통 무용인 압사라 댄스의 기원이기도 하다.

타라 Tara
구제, 자비, 성공의 보살
티베트에서 중요하게 섬기는 여성 보살로 '바다나 강을 건너다'라는 어원을 지니며 윤회의 강을 건너주는 해방의 어머니를 뜻한다.

링가 Linga
힌두교에서 시바 신의 남근을 상징
샤크티 여신의 생식기를 상징하는 요니Yoni 위에 세워놓는 경우가 많다.

가자심하 Gajasimha
힌두 신화에 등장하는 신수
코끼리 얼굴에 사자의 몸을 한 신수로 수문장 역할을 한다.

난디 Nandi
시바를 모시는 신전 수문장
시바가 타고 다닌 등에 혹을 단 황소로 힌두교에서는 네발 달린 짐승의 수호신으로 여긴다.

가루다 Garuda
힌두 신화에 등장하는 신조
인도 신화에 등장하는 신조로 인간의 몸체에 독수리 머리, 부리, 발톱, 날개가 있으며 비슈누를 태우고 다닌 수행자로 묘사된다.

미케 비치
My Khe Beach | Bãi Biển Mỹ Khê

미국의 유명 경제 전문지 <포브스Forbes>가 선정한 세계에서 가장 아름다운 6개 해변 중 하나로 뽑힌 다낭을 대표하는 해변이다. 약 10km에 이르는 부드러운 백사장과 완만한 경사, 아름다운 경치로 시민들과 관광객 모두에게 사랑받고 있으며 시내 중심에서 가까워 부담 없이 들를 수 있다. 해변 북쪽에는 어촌 마을이 있고 해산물 전문 레스토랑이 몰려 있으며 남쪽으로는 논느억 비치까지 고급 리조트 호텔들이 자리하고 있는데, 리조트 앞은 투숙객만 이용할 수 있는 전용 해변이다. 일몰이 아름답기로 유명해 일부러 저녁 시간에 방문하는 사람도 많다.

📍 다낭 도심에서 택시로 약 10분

아시아 파크
Asia Park(Sun World Danang Wonder) | Công Viên Châu Á

Sun 그룹에서 운영하는 놀이공원으로 다낭 도심 남쪽 강변에 있다. 세계에서 열 손가락 안에 들 정도로 높은 대관람차 썬휠Sun Wheel이 다낭 시내의 야경을 한눈에 감상할 수 있어 가장 인기 있다. 대관람차 외에도 롤러코스터, 회전목마, 회전 그네 등 다양한 종류의 놀이 기구가 있어 아이들과 함께 방문하기 좋으며 선선한 저녁 시간에 연인과 로맨틱한 데이트를 즐기기에도 좋다. 입장권에 모노레일과 대관람차를 비롯한 놀이 기구 이용이 포함되어 있다.

📍 다낭 도심 남쪽 / 롯데 마트에서 도보 15분　🏠 1, Phan Đăng Lưu
🕐 월~금요일 15:00-22:00, 토~일요일 09:00-22:00
VND 월~목요일 성인 20만 VND, 어린이 15만 VND
　　 금~일요일 성인 30만 VND, 어린이 20만 VND (키 1m 이하 어린이 무료)
@ danangwonders.sunworld.vn

까오다이교 사원 Cao Dai Temple | Hội Thánh Truyền Giáo Cao Đài

까오다이교는 1926년에 베트남 남부에서 창시된 토착 종교로 세계 5대 종교인 기독교, 이슬람교, 유교, 불교, 도교의 교리가 혼합된 독특한 교리를 갖고 있다. 다낭에 있는 까오다이교 사원은 1956년에 지어진 것으로 베트남에서 2번째로 큰 규모다. 내부 가장 안쪽의 제단 앞에는 Vạn giáo nhất lý(모든 종교는 하나다)'라고 적힌 현판이 걸려 있는데 글씨 뒤로 마호메트, 노자, 예수그리스도, 석가모니, 공자가 그려져 있다. 또한 제단 뒤에 있는 거대한 지구본처럼 생긴 구에는 까오다이교의 상징인 '신성한 눈'이 그려져 있다. 사원에 들어가고 나올 때 남자는 오른쪽 문, 여자는 왼쪽 문을 이용해야 하며 사원 내에 기도하는 장소도 구분되어 있다. 새로운 종교가 신기하기는 하지만 볼거리가 많지 않아 꼭 방문하지 않아도 되는 곳이다.

📍 꼰 시장에서 도보 10분, 다낭 종합병원 맞은편
🏠 63 Hải Phòng　🕐 05:30-21:00

다낭 대성당 Danang Cathedral | Nhà Thờ Chính Tòa Đà Nẵng

프랑스 식민지 시대인 1923년에 프랑스인 루이 발레Louis Vallet 신부가 지은 성당이다. 사랑스러운 핑크빛의 고딕 양식 성당으로 70m 높이의 첨탑을 가지고 있는데, 첨탑 꼭대기에 있는 닭 모양의 풍향계 때문에 '수탉 교회'라는 뜻의 꼰가 교회Nhà Thờ Con Gà라는 별칭으로도 불린다. 월~토요일에는 오전 5시와 오후 5시에 2번 미사가 있으며 일요일에는 오전 5시 15분, 8시, 10시, 오후 3시, 5시, 6시 30분에 6번 미사가 있다. 정문은 미사가 있을 때만 열어놓으며 평소에는 뒷문으로 정원까지만 들어갈 수 있다.

📍 한 시장에서 쩐푸 거리Đường Trần Phú를 따라 도보 3분　🏠 156 Trần Phú　🕐 내부 입장은 미사 시간에만 가능

린응사
Linh Ung Pagoda | Chùa Linh Ứng

다낭 시내 북쪽, 선짜 반도에 있는 불교 사원이다. 이 사원은 무려 67m 높이의 거대한 해수관음상이 있는 곳으로 유명한데, 현지 사람들은 연꽃 위에 서서 바다를 굽어보고 있는 이 관음상이 폭풍과 파도로부터 어부들을 지켜준다고 믿으며 불교 신자들은 1층 법당에서 소원을 빌기도 한다. 금방이라도 하늘로 날아오를 듯한 용 기둥과 초록색의 겹 지붕을 가진 웅장한 대웅전에 들어가면 불룩한 배를 만지면 부자가 된다는 포대화상이 가장 먼저 반겨주고 그 뒤쪽으로 본존불이 자리하고 있다. 대웅전이나 해수관음상의 법당에 들어가려면 신발을 벗어야 하고 짧은 치마와 반바지 차림이라면 앞에서 제공되는 긴 치마로 가리고 들어가야 한다. 언덕 위에 있어 전망도 좋다.

📍 다낭 시내에서 택시로 약 20분　🏠 Hoàng Sa, Thọ Quang, Sơn Trà

오행산

Marble Mountains | Ngũ Hành Sơn

고급 리조트들이 늘어서 있는 논느억 비치의 해안 도로 안쪽으로는 나지막한 주택들이 밀집해 있는 마을이 있는데 그 한가운데에 신비롭게 솟아 있는 5개의 산이 바로 오행산이다. 영어로는 '대리석 산'이라는 뜻의 '마블 마운틴'이라 불리는 이 5개의 산은 각각 동양철학에서 우주를 구성하는 기본 요소인 오행, 즉 화, 수, 목, 금, 토를 상징하여 호아썬Hỏa Sơn, 투이썬Thủy Sơn, 목썬Mộc Sơn, 킴썬Kim Sơn, 토썬Thổ Sơn이라는 이름을 갖고 있다. 이 중 가장 크고 유명한 산은 물을 상징하는 투이썬으로 이 산에는 린응사를 비롯한 불교 사찰들과 여러 개의 동굴이 있어 볼거리가 풍부하다. 좁고 가파른 계단을 오르내려야 하기 때문에 편한 신발을 신어야 하며 미끄러울 수 있으므로 가능하면 비 오는 날에는 방문하지 않는 것이 좋다. 주차장에서 바로 연결되는 암푸 동굴Động

Âm Phủ도 지옥과 천국이라는 테마로 꾸며져 있어 들러보는 사람들이 많은데 별도의 입장료가 있다.

📍 논느억 비치 빈펄 럭셔리 다낭과 멜리아 다낭 리조트 사이 / 다낭 시내에서 택시로 약 20분

🏠 81 Huyền Trân Công Chúa, Quận Ngũ Hành Sơn

🕐 07:00-17:30

VND **투이썬** 성인 4만 VND, 학생 1만 VND, 엘리베이터 이용 편도 1만 5000 VND / **암푸 동굴** 성인 2만 VND, 학생 7000 VND, 6세 이하 어린이 무료

추천 코스
투이썬 핵심 코스 : 1시간 30분~2시간 소요
엘리베이터 → ❶ 싸로이 탑 → ❷ 린응사 → ❿ 후옌콩 동굴 → ⓫ 땀타이사 → ⓮ 망강대 → ⓫ 땀타이사 쪽으로 이동 → 1번 출입구 쪽으로 하산

걷기에 부담 없는 코스 : 약 1시간 30분 소요
암푸 동굴 → 엘리베이터 → ❶ 싸로이 탑 → ❷ 린응사 → 엘리베이터

토썬 Thổ Sơn

다낭 Da Nang

Lê Văn Hiến

후옌꽁 동굴
Động Huyền Không
⑩

정상
Đỉnh Thượng Thai
⑧

투이썬 Thủy Sơn

⑨

휴식 공간
Khu Dừng Chân
⑦

린남 동굴
Động Linh Nham
⑥

탕쩐 동굴
Động Tăng Chơn
③

린웅사
Chùa Linh Ứng
②

호아 응이엠 동굴
Động Hoa Nghiêm

돈땀사
Chùa Tam Thôn
⑫

땀타이사
Chùa Tam Thai
⑪

뚜땀사
Chùa Từ Tâm
⑬

반통 동굴
Động Vân Thông
⑤

망해대
Vọng Hải Đài
④

씨로이 탑
Tháp Xá Lợi
①

망강대
Vọng Giang Đài
⑭

⑮

암푸 동굴
Động Âm Phủ

1번 출입구 매표소

2번 출입구 매표소

Huyền Trần Công Chúa

P

킴썬 Kim Sơn

호아썬 Hỏa Sơn

목썬 Mộc Sơn

호이안
Hoi An

TIP

1 매표소에서 입장료와 엘리베이터(편도로만 구입 가능) 요금에 지도나 엽서 등을 넣어 더 받는 경우가 허다하니 거스름돈 받을 때 서두르지 말고 금액을 잘 확인하자.

2 노출이 심한 복장(핫팬츠, 미니스커트, 민소매 등)으로 사찰에 들어갈 수 없으며 계단이 많아 치마보다는 바지를 추천한다.

3 양손이 자유로울 수 있도록 짐을 최소화하자.

4 무료 화장실이 있으며 슬리퍼로 갈아 신고 들어가야 한다. 휴지를 미리 챙겨 가면 좋다.

5 오행산 화장실 사용이 꺼려진다면 도보 거리에 있는 라루나 바 & 레스토랑Laluna Bar & Restaurant에서 음료를 마시거나 식사를 하면서 화장실을 이용하자.

6 오행산 아래에 있는 논느억Non Nước은 석조 공예 전통 마을로 유명해 각종 대리석 기념품을 판매하는 곳이 많은데 가짜 대리석을 팔거나 바가지를 씌우니 주의하자.

후엔콩 동굴

린응사

투이썬 Thủy Sơn

투이썬에는 2개의 출입구가 있는데 2번 출입구에만 엘리베이터가 있어 올라갈 때는 2번 출입구를, 내려올 때는 1번 출입구의 계단을 이용하는 사람이 많다. 엘리베이터를 타고 올라가면 가장 먼저 만나게 되는 것이 린응사Chùa Linh Ứng이며 그 다음에 산의 중심부에 있는 사찰인 땀타이사Chùa Tam Thai, 북서쪽에 있는 후엔콩 동굴Động Huyền Không 순서로 둘러보게 된다. 156개 계단을 올라 1번 출입구로 들어가면 바로 땀타이사와 연결된다. 투이썬의 하이라이트인 후엔콩 동굴은 투이썬에서 제일 크고 아름다운 동굴로 내부가 불교 사원으로 꾸며져 있는데, 날씨가 좋은 날에는 천장에 뚫린 여러 개의 구멍으로 햇살이 조명처럼 쏟아져 들어와 신비롭고 몽환적인 분위기가 만들어진다. 투이썬에는 주변 경치를 한눈에 감상할 수 있는 2개의 전망대가 있는데 엘리베이터 근처에 있는 것이 바다를 조망한다는 뜻의 망해대(봉하이다이Vọng Hải Đài)이고 1번 출입구 근처에 있는 것이 강을 조망한다는 뜻의 망강대(봉즈앙다이Vọng Giang Đài)다.

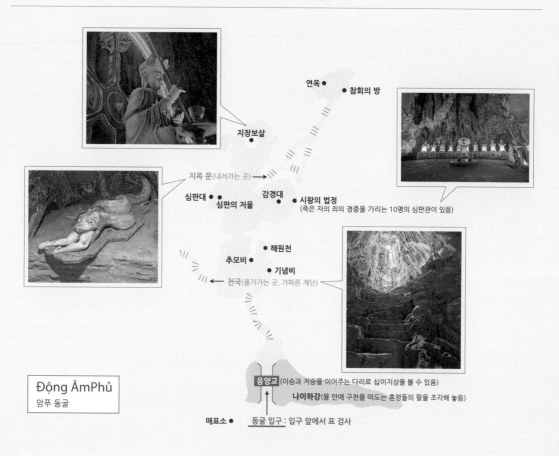

연옥 ●
● 참회의 방

지장보살 ●

지옥 문(내려가는 곳) →

심판대 ● 감경대
심판의 저울 ● ● 시왕의 법정
(죽은 자의 죄의 경중을 가리는 10명의 심판관이 있음)

● 해원천

추모비 ● ● 기념비

천국(올라가는 곳, 가파른 계단) →

음양교 (이승과 저승을 이어주는 다리로 십이지상을 볼 수 있음)
나이하강 (물 안에 구천을 떠도는 혼령들의 팔을 조각해 놓음)

매표소 ● 동굴 입구 : 입구 앞에서 표 검사

Động ÂmPhủ
암푸 동굴

준비물

자외선 차단제
숙소에서 미리 바르고 중간중간에 덧바를 수 있게 준비하자.

모자
챙이 넓고 가벼운 모자가 있으면 좋다.

시원한 물
오행산에서는 시중보다 3~4배 더 높은 가격으로 판매한다.

손수건
흐르는 땀을 조금이라도 막아줄 수 있는 손수건은 필수다.

휴대용 선풍기
어디어디를 관광하느냐에 따라 다르겠지만 가볍고 작은 휴대용 선풍기가 있으면 유용하다.

모기 기피제 혹은 바르는 모기약
날씨나 상황에 따라 다르지만 모기 물릴 경우를 대비해 가지고 가자.

편한 신발
동굴 안, 계단 등 미끄러운 곳이 많이 되도록이면 바닥이 미끄럽지 않은 편한 신발을 신고 가는 것이 좋다.

바나 힐

Ba Na Hills | Bà Nà Hills

다낭 시내 서쪽의 해발 1487m 산 위에 있는 바나 힐은 프랑스 식민지 시대인 1919년 프랑스 사람들이 여름 휴양지로 건설한 마을이다. 지금은 Sun 그룹에서 테마파크로 꾸며 운영하는데 연중 선선한 날씨와 멋진 전망, 유럽의 중세 마을을 연상시키는 건축물, 재미있는 놀이 기구들, 스릴 넘치는 케이블카 등으로 다낭을 대표하는 관광지로 인기를 끌고 있다. 다낭 시내에서 자동차와 케이블카로 이동 시간이 1시간 30분 넘게 걸리고 볼거리, 즐길 거리가 많기 때문에 관광 시간을 적어도 반나절 이상은 잡아야 한다. 흐린 날에는 아래가 전혀 보이지 않는 경우가 많으므로 전망을 감상하려면 날씨가 좋은 날 방문하는 것이 좋으며 여름철에도 쌀쌀할 수 있으니 긴팔 옷을 준비하자. 입장권 가격에 케이블카와 놀이 기구 이용이 포함되어 있다. 개별적으로 택시를 대절해서 가거나 여행사의 투어를 이용해서 방문하는데 투어를 이용할 경우 3시간 정도밖에 머물 수 없다는 단점이 있다.

📍 다낭 시내에서 케이블카 역까지 자동차로 50분

🏠 Thôn An Sơn, Xã Hòa Ninh, Huyện Hòa Vang

🕐 케이블카 07:30-21:30

VND 성인 70만 VND, 어린이(키 1m~1m 30㎝) 55만 VND, 키 1m 이하 어린이 무료

@ banahills.sunworld.vn/en

© Sun World Ba Na Hills

택시와 그랩카	• 왕복 약 60만 VND(흥정에 따라 달라짐) • 입장권 불포함 (기사에 따라 입장권 구매 여부를 묻기도 함)	여행 중 만난 친절한 기사가 있다면 카카오톡 ID를 받아 요금과 스케줄을 흥정하여 가는 것이 좋다. 무작정 이용하다가는 바가지요금이 나올 수 있다. 시간을 자유롭게 선택할 수 있어 관광 시간이 여유로운 편이다.
티 라운지 셔틀버스◆	• 왕복 1인 18만 VND, 편도 11만 VND • 입장권 불포함	다낭 대성당 근처 티 라운지에서 출발하는 셔틀버스로 가격이 저렴하다. 현지에서 구입할 경우 출발 1~2일 전에 예약하는 것이 좋고 웹사이트에서도 구입할 수 있다. 티 라운지에서 09:30분, 바나 힐에서 15:00에 출발한다.
일일 투어◆	• 성인 1인 5~7만 원 • 입장권 포함 • 팁 불포함	클룩, 와그, 마이리얼트립, 네이버 카페 등 예약 채널이 다양하다. 기본적으로 차량에 바나 힐 입장료가 포함되어 있으니 예약 시 확인하자. 또한 성인, 어린이, 옵션, 포함내역 등에 따라 가격이 달라진다.
호텔 프라이빗 카◆	• 4인승 왕복 70~95만 VND(호텔에 따라 다름) • 입장권 불포함	가격은 다소 비싼 대절 차량이나 여러 명이 편하게 이동하고 싶다면 고려해볼 만하다. 호텔 리셉션이나 컨시어지 데스크에 문의하고 예약하면 된다.
렌터카	• 7인승(최대 4인 탑승) 기준 12시간 $50~60(업체, 이용 시간, 방문지 등에 따라 다름) • 입장권 불포함 • 팁 불포함	직접 운전하는 렌터카가 아닌 기사가 있는 전용 차량 서비스로 생각하면 된다. 6~12시간까지 이용 시간을 선택할 수 있다. 믿을 만한 업체 선정이 중요하며 기사에 따라 만족도가 다를 수 있다.

◆ 시간이 정해져 있고 보통 붐비는 시간에 도착하기 때문에 관광 시간이 촉박할 수 있다.

TIP

· 산 정상에 올라가면 기온이 떨어지니 긴팔 옷을 꼭 챙겨 가자.

· 날씨 변덕이 심해 언제 비가 내릴지 모른다. 작은 우산을 준비하면 좋다.

· 그랩카를 이용할 경우 애플리케이션에서 목적지를 '바나 힐 주차장'이라고 넣어야 한다.

· 케이블카 운행 시간은 날씨와 현지 사정에 따라 자주 바뀌니 도착하면 시간을 꼭 확인하고 관광하자.

· 알파인 코스터(레일 바이크)는 택시나 그랩카를 이용해 아침 일찍 가야 그나마 덜 기다리고 탈 수 있다. 타는 곳은 두 군데로 루브르역과 모린역 근처다. 키가 120cm 이하인 어린이는 부모가 동반해도 탑승할 수 없다.

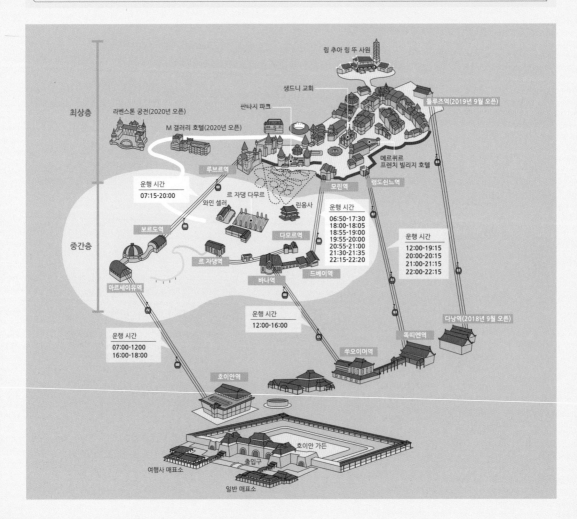

© Sun World Ba Na Hills

© Sun World Ba Na Hills

최상층
프렌치 빌리지

분수가 있는 광장, 교회, 프랑스의 고성 같은 호텔, 예쁜 골목길 등 중세 프랑스 마을을 그대로 재현해놓은 곳이다. 이곳에서 계단을 올라가 바나 힐 제일 꼭대기에 있는 링 추아 링 뚜 사원Đền Lĩnh Chúa Linh Từ에 오르면 바나 힐과 주변의 아름다운 경치가 시원하게 내려다보인다.

최상층
알파인 코스터

바나 힐에서 가장 인기 있는 놀이 기구로 항상 줄이 길게 늘어선다. 레일을 따라 내려가는 1인승 롤러코스터 형태인데 브레이크로 속도를 조절할 수 있어 앞에 천천히 가는 사람만 없다면 신나는 스피드를 즐길 수 있다.

최상층
판타지 파크

프랑스 작가 쥘 베른의 소설 <지구 속 여행>과 <해저 2만리>에 영감을 받아 설계된 실내 놀이공원이다. 29m의 자이로드롭, 범퍼카, 공룡 파크, 3D, 4D, 5D 영화관 등 재미있는 놀이 기구가 많다.

© Sun World Ba Na Hills

중간층
르 자댕 다무르

'사랑의 정원'이라는 뜻의 르 자댕 다무르는 각각의 스토리를 가진 9개의 정원으로 이루어져 있다. 중세 유럽의 정원처럼 아름다운 꽃과 조각품으로 꾸며진 이곳은 최고의 포토 스폿으로 사랑받고 있다.

중간층
골든 브리지

해발 1414m 높이에 자리한 골든 브리지는 바나 힐의 랜드마크 중 하나로 길이는 약 150m에 이른다. 황금색 다리를 받치고 있는 커다란 두 손이 압권이다.

DA NANG DINING

다낭에 가면 꼭 먹어야 하는 다양하고 맛있는

베트남 쌀국수

• DA NANG DINING •

퍼 Phở

우리에게 가장 익숙한 베트남 쌀국수로 맑은 고기 국물에 쌀국
수를 넣고 고명을 얹어 먹는다. 고명에 따라 쇠고기를 넣은 퍼 보
Phở Bò와 닭고기를 넣은 퍼 가Phở Gà 등으로 나뉜다.

TIP │ 쌀국수 맛있게 먹는 법

2
취향에 따라 고수나
향채를 추가한다.

3
매운맛을 원한다면 베트남 고추나
매콤한 양념장, 칠리소스 등을 넣는다.

1
숙주, 파 등의 채소를 넣어 국물을
더 시원하게 한다.

4
마지막으로 라임을 뿌려
상큼한 맛을 더한다.

· 퍼 Best 추천 맛집 ·

꽌 홍(퍼 홍) Quán Hồng(Phở Hồng)

우리 입맛에 잘 맞는 퍼 맛집으로 쇠고기 쌀국수와 닭고기 쌀국수를 판매하는데 두 메뉴 모두 가격은 같고 사이즈에 따라서만 달라진다. 인기 메뉴는 얇게 썬 설익은 쇠고기를 얹은 쌀국수 Phở Tái와 푹 삶은 살코기를 얹은 양지 쌀국수 Phở Nạm이다. 한국 손님들이 많아서 한국어 메뉴도 있고 김치도 주문(2만 VND)할 수 있다.

📍 노보텔 다낭 프리미어 한 리버에서 도보 4분
🏠 10 Lý Tự Trọng
🕐 06:30-22:00
🍴 쇠고기 쌀국수 작은 사이즈 4만 VND,
　　큰 사이즈 5만 VND
🚩 Map ❶ 다낭 시내 북쪽

퍼박 63 Phở Bắc 63

우리나라 관광객과 현지인 모두에게 인기 있는 쌀국수 집이다. 일반 쌀국수와 날달걀이 들어간 스페셜 Đặc Biệt 쌀국수 중 선택할 수 있으며 사이즈는 소와 대 2가지가 있다. 숙주가 살짝 익혀서 나오고 고수도 따로 나와서 베트남 음식에 익숙하지 않은 사람도 부담 없이 먹을 수 있다.

📍 노보텔 다낭 프리미어 한 리버에서 도보 15분
🏠 203 Đống Đa
🕐 06:00-23:00
🍴 스페셜(소) 3만 5000 VND,
　　스페셜(대) 4만 5000 VND
🚩 Map ❶ 다낭 시내 북쪽

퍼박 하이 Phở Bắc Hải

다낭 대성당 앞에 있는 쌀국수 집으로 우리나라 관광객 사이에서 '할머니 쌀국수'로 알려진 곳이다. 기본인 양지 쌀국수 Phở Nạm이 제일 인기 있으며 볶음 국수인 미 싸오(한글로 '야끼 소바'라고 적혀 있음)도 맛있다. 메뉴판에 가격이 적혀 있지 않고 외국인 관광객에게만 현지인의 2배가 되는 가격을 받아 점점 인기를 잃고 있다. 방문한다면 주문 전에 가격을 미리 확인하자.

📍 다낭 대성당 근처 큰 사거리 모퉁이에 위치
🏠 185 Trần Phú
🕐 06:00-21:00
🍴 쇠고기 쌀국수 4~5만 VND
🚩 Map ❷ 다낭 시내 남쪽

퍼 29 Phở 29

다낭 대성당 후문 골목에 있는 쌀국수 집으로 고수, 라임, 살짝 데친 숙주, 베트남 고추 등을 따로 주기 때문에 원하는 대로 넣어 먹을 수 있어 좋다. 한국 관광객이 많이 찾아서인지 김치도 있다. 쌀국수는 사이즈에 따라 4만 VND과 5만 VND으로 구분되는데, 주문 시 따로 말하지 않으면 큰 사이즈가 나온다. 볶음 쌀국수와 볶음밥도 인기며 본점을 포함해 4개 지점이 있다.

📍 다낭 대성당에서 도보 1분
🏠 39 Trần Quốc Toản
🕐 06:00-21:00
🍴 쇠고기 쌀국수 작은 사이즈 4만 VND, 큰 사이즈 5만 VND, 볶음 쌀국수 5만 VND
🚩 Map ❷ 다낭 시내 남쪽

코바 Nhà Hàng Phở Cô Ba

한 시장 근처에 있는 쌀국수 집으로 깔끔하고 무엇보다 에어컨이 나와 인기가 많으며 한 강이 내려다보이는 2층 창가 좌석이 가장 핫하다. 쌀국수, 반쎄오, 분짜, 반깐 등 골고루 다 맛있으며 타마린드 소스를 곁들인 새우 요리Tôm Sốt Me도 빼놓을 수 없다. 코바 식당에서 도보 5분 거리에 있는 반미 코바는 같은 브랜드로 시설이 깨끗한 반미 맛집이다.

📍 한 시장에서 도보 4분
🏠 154 Dạch Đằng
🕐 10:00-21:30
🍴 반쎄오 11만 9000 VND, 쇠고기 쌀국수 8만 9000 VND, 타마린드 새우 17만 9000 VND
🚩 Map ❷ 다낭 시내 남쪽

퍼 푸자 하노이 Phở Phú Gia Hà Nội

현지인에게 인기 있는 쌀국수 집으로 꽌 홍 바로 옆에 있다. 쇠고기 쌀국수만 판매하는데 Tái(살짝 익힌 쇠고기 고명), Nạm(푹 삶은 양지 살코기 고명), Gầu(지방이 붙은 쇠고기 고명) 3가지 중에 선택하면 된다. 꽌 홍에 비해 국물 맛이 진하고 고수 향이 더 강하다.

📍 꽌 홍(퍼 홍) 옆, 노보텔 다낭 프리미어 한 리버에서 도보 3분
🏠 8 Lý Tự Trọng
🕐 06:00-10:30, 17:00-21:30
🍴 쇠고기 쌀국수 4만 5000 VND
🚩 Map ❶ 다낭 시내 북쪽

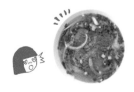

분짜 Bún Chả

새콤달콤한 느억맘 소스에 숯불에 구운 돼지고기 완자, 채소,
삶은 쌀국수를 적셔 먹는 하노이 전통 국수 요리.
더운 날씨에 입맛이 떨어졌을 때 먹기 좋다.

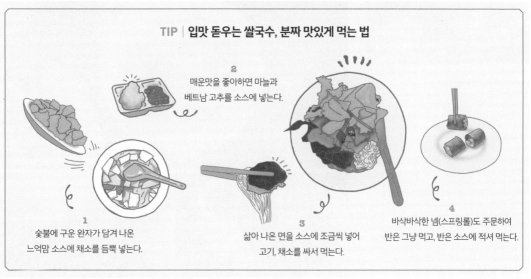

TIP | 입맛 돋우는 쌀국수, 분짜 맛있게 먹는 법

2
매운맛을 좋아하면 마늘과
베트남 고추를 소스에 넣는다.

1
숯불에 구운 완자가 담겨 나온
느억맘 소스에 채소를 듬뿍 넣는다.

3
삶아 나온 면을 소스에 조금씩 넣어
고기, 채소를 싸서 먹는다.

4
바삭바삭한 넴(스프링롤)도 주문하여
반은 그냥 먹고, 반은 소스에 적셔 먹는다.

⟨ 분짜 Best 추천 맛집 ⟩

하노이 쓰어 Hà Nội Xưa

다낭 최고의 분짜 맛집이다. 숯불 향이 은은히 나는 고기 완자가 들어간 소스는 우리 입맛에 딱 맞는다. 바삭바삭한 스프링롤인 넴은 별도로 주문해서 먹을 수도 있고 분넴 메뉴를 시켜 고기 완자 대신 소스에 넣어 먹을 수도 있다. 영업시간과 상관없이 재료 떨어지면 문을 닫으므로 오전에 방문하는 것이 좋다.

📍 노보텔 다낭 프리미어 한 리버에서 도보 8분
🏠 95A Nguyễn Chí Thanh
🕐 평일 10:00-15:00, 주말 10:00-14:00
🍴 분짜 3만 5000 VND, 넴(스프링롤) 개당 1만 VND
🚩 Map ❶ 다낭 시내 북쪽

암 툭 하노이 58 Ẩm Thực Hà Nội 58

현지인 맛집으로 알려진 곳으로 우리나라 관광객 사이에서는 '분짜 58'이라는 이름으로 더 유명하다. 가장 인기 있는 메뉴인 분짜와 게살이 들어간 스프링롤인 넴꾸아베를 비롯해 총 4개 메뉴가 있다. 외국인용 메뉴판이 따로 있어 현지인보다 1.5배 정도 비싸게 받고 있다는 점은 알고 방문하자.

📍 다낭 대성당에서 도보 5분
🏠 58 Thái Phiên
🕐 매일 06:00-14:00, 17:00-21:00
🍴 분짜 5만 VND, 분넴꾸아베(스프링롤 국수) 5만 VND, 넴꾸아베 2만 5000 VND
🚩 Map ❷ 다낭 시내 남쪽

분짜까 *Bún Chả Cá*

따뜻한 육수에 큼지막한 어묵과 가는 쌀면을 넣은 시원한 맛의 쌀국수.
국물에 고추나 매콤한 양념장을 넣어 먹으면 더 얼큰하고 맛있다.

···· • 분짜까 Best 추천 맛집 • ····

분짜까 109 *Bún Chả Cá 109*

유명한 분짜까 맛집이다. 단일 메뉴로 분짜까만 판매하는데 기본인 Big과 좀 더 많은 종류의 어묵이 들어간 Special의 2종류가 있다. 큼지막한 어묵이 푸짐 하게 들어 있으며 함께 나오는 숙주와 채소를 넣어 먹으면 느끼하지 않고 담백 하다. 얼큰한 맛을 즐기려면 베트남 고추가 들어간 양념장을 넣어 먹으면 된다.

📍 노보텔 다낭 프리미어 한 리버에서 도보 9분
🏠 109 Nguyễn Chí Thanh   🕐 06:30-22:00
🍴 Big 2만 5000 VND, Special 3만 VND
🚩 Map ❶ 다낭 시내 북쪽

분짜까 옹따 *Bún Chả Cá Ông Tạ*

분짜까 109 근처에 있는 또 하나의 분짜까 맛집이다. 인공 조미료를 넣지 않 아 국물 맛이 깔끔하고 신선한 어묵과 유기농 채소를 사용해 다른 분짜까 집 들에 비해 오픈한 지 오래되지 않았는데도 현지인들 사이에서 맛집으로 자리 잡았다. 우리나라 사람들도 많이 방문해 간판에 한글로 '생선국수'라고도 적혀 있다.

📍 분짜까 109 근처로 노보텔 다낭 프리미어 한 리버에서 도보 10분
🏠 113A Nguyễn Chí Thanh   🕐 06:30-21:30
🍴 분짜까 2만 5000~3만 VND
🚩 Map ❶ 다낭 시내 북쪽

미꽝 Mì Quảng

베트남 중부 꽝남 지방의 유명한 비빔국수. 약간의 국물에 두툼
하고 납작한 면과 돼지고기, 닭고기, 쇠고기, 새우 등의 고명, 땅콩,
쌀과자 등을 넣고 비벼 먹는다. 자극적이지 않고 담백한 맛이다.

미꽝 Best 추천 맛집

미꽝 1A Mì Quảng 1A

미꽝 최고 맛집으로 꼽히는 곳으로 메뉴는 위에
얹은 고명에 따라 돼지고기와 새우가 들어간 Mì
Quảng Tôm Thịt, 닭고기를 넣은 Mì Quảng
Gà, 돼지고기, 새우, 닭고기에 삶은 달걀까지 들어
간 Mì Quảng Đặc Biệt 3가지다. 취향에 따라 채
소, 매운 소스 등을 넣어 먹으면 된다.

📍 쏭한교에서 도보 10분
🏠 1 Hải Phòng
🕐 07:00-21:00
🍴 돼지고기 & 새우 미꽝 2만 5000 VND, 닭고
　기 미꽝 3만 VND
🚩 Map ❶ 다낭 시내 북쪽

미꽝 24/7 Mỳ Quảng 24/7

미케 비치 안쪽에 있는 미꽝 맛집으로 깔끔하고 청결한 내부로 인기를 끌고 있는 곳이다. 미꽝은 닭고기, 쇠고기, 생선, 모든 고명을 다 넣은 모둠 이 렇게 4가지가 있으며 넴과 분짜도 판매한다. 다른 미꽝 맛집에 비해 가격은 좀 비싼 편이지만 위생 에 신경 쓰는 편이라면 이곳을 선택하자.

📍 미케 비치에서 도보 5분
🏠 163 Hồ Nghinh
🕐 06:00-23:00
🍴 닭고기 미꽝 4만 5000 VND, 쇠고기 미꽝 4만 5000 VND, 넴 5만 VND
🚩 Map ❸ 미케 비치 북쪽

미꽝 바무아

Mì Quảng Bà Mua

다낭 시내에만 8개, 전체 11개 지점을 갖고 있는 체인 음식점이다. 닭고기, 돼지고기, 쇠고기, 갈비, 장어, 개구리 등 다양한 종류의 미꽝과 반쎄오, 돼 지고기 월남쌈 등을 판매하는데 가장 인기 있는 메뉴는 역시 미꽝과 반쎄오다. 미꽝은 사이즈에 따 라 가격이 다르다.

📍 다낭 대성당에서 도보 7분(1호점) / 미케 비 치에서 도보 8분(미케 비치점)
🏠 19-21 Trần Bình Trọng(1호점) / 259 Hồ Nghinh(미케 비치점)
🕐 06:00-22:00(지점마다 다름)
🍴 미꽝 3~4만 5000 VND, 스프링롤 5000 VND, 새우와 돼지고기 반쎄오 3만 5000 VND
🚩 Map ❷ 다낭 시내 남쪽 / Map ❸ 미케 비치 북쪽

분보후에 *Bún Bò Huế*

베트남 중부 후에의 대표 쌀국수. 소나 돼지의 뼈와 레몬그라스를 우려낸 담백한 고기 육수에 통통한 원통형 국수를 넣고 쇠고기 고명을 얹어 먹는다. 칠리를 넣은 매콤한 양념장을 넣어 먹기도 한다.

· 분보후에 Best 추천 맛집 ·

꽌분 흐엉 *Quán Bún Hương*

후에 지방의 전통 국수인 분보후에 맛집이다. 레몬 그라스와 쇠고기 뼈를 우려낸 육수는 담백하면서 도 시원해 우리 입맛에 잘 맞는다. 이 집에서는 고 명에 따라 12가지 종류를 판매하는데, 관광객들의 입맛에 맞춘 후에의 분보후에보다 더 전통적인 맛 을 제대로 유지하고 있다는 평이다.

📍 노보텔 다낭 프리미어 한 리버에서 도보 13분
🏠 229 Đống Đa
🕐 06:00-22:00
🍜 분보후에 4~5만 VND
🚩 Map ❶ 다낭 시내 북쪽

반깐 Bánh Canh

타피오카 전분으로 만든 통통하고 쫄깃한 반깐 면과 고기, 해산물로 맛을 낸 시원한 국물이 일품인 쌀국수. 매운맛을 좋아한다면 고춧가루, 고추기름, 고추 절임 등을 넣어서 먹으면 된다.

• 반깐 Best 추천 맛집 •

반깐 NGA Bánh Canh NGA

TV 여행 프로그램인 '원나잇 푸드트립'에 나와 유명해진 곳으로 베트남 국수 반깐 전문점이다. '튀긴 생선'이라고 쓰여 있는 메뉴는 어묵이 들어간 것이고 가장 인기 있는 메뉴는 게살과 새우가 들어간 것이다. 같이 나오는 빵은 국물에 찍어 먹거나 뜯어서 넣어 먹으면 되는데 하나에 3000 VND이다.

📍 노보텔 다낭 프리미엄 한 리버에서 도보 10분
🏠 78 Nguyễn Chí Thanh
🕙 10:30-21:00
🍴 게 새우 반깐 3만 5000 VND, 혼합 반깐 4만 5000 VND
🚩 Map ❶ 다낭 시내 북쪽

다낭에서 손꼽히는
반쎄오 맛집

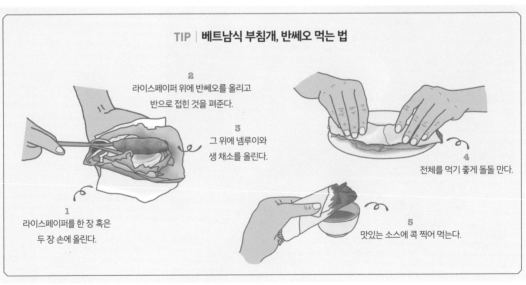

TIP │ 베트남식 부침개, 반쎄오 먹는 법

2
라이스페이퍼 위에 반쎄오를 올리고
반으로 접힌 것을 펴준다.

3
그 위에 넴루이와
생 채소를 올린다.

4
전체를 먹기 좋게 돌돌 만다.

1
라이스페이퍼를 한 장 혹은
두 장 손에 올린다.

5
맛있는 소스에 콕 찍어 먹는다.

꽌 반쩨오 바즈엉 Quán Bánh Xèo Bà Dưỡng

현지인들이 추천하는 반쩨오 맛집으로 좁은 골목 안에 숨어 있는 허름한 로컬 식당이다. 반쩨오에 넴루이(돼지고기 꼬치구이)를 곁들여 먹는데 넴루이는 먹은 개수만큼 계산한다. 숯불 향이 나는 넴루이와 반쩨오 소스가 우리 입맛에 특히 잘 맞고 음료는 옥수수 우유나 맥주를 곁들여 마신다. 위생에는 크게 신경 쓰지 않는 편이라 그 점은 감안하고 방문해야 한다.

📍 참 조각 박물관에서 도보 12분, 반쩨오 골목 끝

🏠 K280/23 Hoàng Diệu

🕐 09:00-21:30

🍴 스페셜 반쩨오 5만 5000 VND, 넴루이(1개) 5000 VND

🚩 Map ❷ 다낭 시내 남쪽

암 툭 쩨오 Ẩm Thực Xèo

우리나라 관광객 사이에서는 '쩨오 75'라는 이름으로 알려진 반쩨오 집이다. 에어컨이 있는 깔끔한 실내에서 위생에 대한 걱정 없이 쾌적하게 식사를 할 수 있어 패키지나 가족 단위 여행객이 많이 찾는다. 반쩨오는 새우와 돼지고기, 쇠고기, 해산물 등 다양한 종류가 있으며 넴루이를 곁들여 먹으면 좋다.

📍 참 조각 박물관에서 도보 10분

🏠 75 Hoàng Văn Thụ

🕐 09:00-22:00

🍴 새우&돼지고기 반쩨오 3만 9000 VND, 넴루이(10개) 7만 9000 VND

🚩 Map ❷ 다낭 시내 남쪽

쩨비엣 레스토랑 Nhà Hàng Tre Việt

다낭 대성당 근처 골목 안쪽에 있는 베트남 요리 레스토랑이다. 내부가 넓은 편이며 안쪽에 에어컨이 있는 공간이 구분되어 있어 시원하고 쾌적하게 반쩨오, 분짜, 스프링롤 등의 전통 베트남 요리를 즐길 수 있다. 관광지 근처에 있고 가격이 다른 곳에 비해 비싼 편이라 현지인보다는 관광객이 많이 찾는다.

📍 다낭 대성당에서 도보 2분

🏠 180 Bạch Đằng

🕐 10:00-22:00

🍴 반쩨오 11만 5000 VND, 분짜 8만 5000 VND

🚩 Map ❷ 다낭 시내 남쪽

다양한 베트남 전통 요리를 한 번에 맛본다!

베트남 가정식 레스토랑

마담 런 레스토랑 Nhà Hàng Madame Lân

한 강변에 있는 넓고 쾌적한 베트남 전통 요리 레스토랑이다. 다양한 종류의 쌀국수, 반쎄오, 반미, 스프링롤 등 거의 모든 베트남 음식을 판매하는데, 맛이 전체적으로 무난하다. 모든 메뉴에 사진과 함께 영어로 설명되어 있어서 주문하기 쉽다. 허름한 전통 식당의 위생이 신경 쓰인다면 이곳을 선택하자.

- 📍 한 강변 북쪽 / 노보텔 다낭 프리미어 한 리버에서 도보 7분
- 🏠 4 Bạch Đằng
- 🕐 06:30-21:30
- 🍴 모닝글로리 볶음 4만 8000 VND, 반쎄오 6만 5000 VND
- 🚩 Map ❶ 다낭 시내 북쪽

람 비엔 레스토랑 Nhà Hàng Lam Viên

넓은 정원을 가진 베트남 양식의 목조건물에 있는 분위기 좋은 베트남 전통 요리 레스토랑이다. 스프링롤과 반쎄오, 파인애플 볶음밥 등이 인기 메뉴인데 가격대가 높은 편이고 양도 적다. 2017년 베트남에서 열린 APEC 정상회담 때 문재인 대통령을 비롯한 각국의 정상들이 방문한 것이 알려지면서 더욱 유명세를 타고 있다. 저녁 시간에 가려면 예약하는 것이 좋으며 한국어 메뉴판이 따로 있으니 주문 시 요청하자.

- 📍 미케 비치 풀만 및 푸라마 리조트에서 도보 8~10분
- 🏠 88 Trần Văn Dư
- 🕐 11:30-21:30
- 🍴 모닝글로리 볶음 8만 5000 VND, 파인애플 볶음밥 12만 5000 VND
- 🚩 Map ❹ 미케 비치 남쪽

랑응에 레스토랑 Nhà Hàng Làng Nghệ

현지인이 즐겨 찾는 베트남 가정식 레스토랑으로 최근 TV 여행 프로그램인 '배틀 트립'에 소개된 후 우리나라 관광객도 많이 찾는다. 나무가 우거진 야외 좌석에서는 모기에 물릴 수 있으니 모기 기피제를 준비하자. 아이패드 메뉴판의 사진을 보고 주문할 수 있어 주문이 어렵지 않다. 인기 있는 메뉴는 새우를 피시 소스에 조려 뚝배기에 담아 내오는 요리로 해산물 볶음밥을 곁들여 먹는 좋다.

📍 노보텔 다낭 프리미어 한 리버에서 도보 10분
🏠 119 Lê Lợi 🕐 06:30-22:30
🍴 해산물 볶음밥Cơm Chiên Hải Sản 6만 9000 VND, 뚝배기 새우Tôm Kho Tộ 13만 9000 VND
🚩 Map ❶ 다낭 시내 북쪽

소피아 레스토랑 Sofia Restaurant

소피아 부티크 호텔 1층에 있는 깔끔한 레스토랑으로 베트남 요리와 스파게티, 피자, 스테이크 등의 서양 요리를 판매한다. 우리나라 관광객은 대부분 베트남 요리를 많이 먹는데 인기 메뉴인 스프링롤과 쌀국수 모두 맛이 괜찮은 편이다. 고수를 싫어한다면 쌀국수 주문 시 빼달라고 미리 말하자.

📍 미케 비치 북쪽 해안 도로 안쪽, 알라카르트 호텔에서 도보 5분
🏠 Lot I-11 Phạm Văn Đồng 🕐 06:00-22:00
🍴 쌀국수(치킨, 쇠고기) 5만 5000 VND, 하노이 스프링롤 11만 VND
🚩 Map ❸ 미케 비치 북쪽

벱헨 베냐꼬껌 Bếp Hên Về Nhà Có Cơm

베트남 가정식인데도 한국인 입맛에 딱 맞아 꾸준한 인기를 끌고 있다. 커다란 화분들이 놓여 있는 입구는 겨우 보일 정도다. 내부는 빛바랜 액자와 그림, 빈티지한 소품으로 정감 있게 꾸몄다. 밥과 단품 메뉴를 따로 주문하면 되는데 베트남어와 영어만 적힌 메뉴판 글씨가 작고 선명하지 않다. 토마토소스 두부 요리Đậu Khuôn Sốt Cà Chua, 가지 볶음Cà Tím Nướng Mỡ Hành 등을 추천한다.

📍 다낭 대성당에서 도보 7분
🏠 47 Lê Hồng Phong 🕐 10:00-14:30, 17:00-21:30
🍴 토마토소스 두부 요리 5만 VND, 가지 볶음 5만 VND, 마늘을 곁들인 새우 요리Tôm Chiên Tỏi 8만 5000 VND, 돼지고기와 오리 알 조림Heo Kho Tợ Trùng Vịt 9만 VND
🚩 Map ❷ 다낭 시내 남쪽

덴롱 Đèn Lồng

가정집을 개조해 만든 식당으로 베트남적인 감성이 돋보인다. 화려한 경력을 갖고 있는 셰프가 직접 만든 요리는 현지인은 물론 동서양 여행객들의 입맛까지 사로잡는다. 메뉴판에 음식 사진이 있으며 한글로도 표기되어 있어 고르기 쉽다. 연두부 튀김, 볶음밥, 완탕면, 짜조 등이 인기 있다. 10% 부가세는 별도이며 카드 결제 시 5%의 수수료가 붙는다.

📍 버거 브로스 2호점(4 Nguyễn Chí Thanh)에서 도보 3분
🏠 71 Lý Thường Kiệt 🕐 11:30-15:30, 17:30-21:45
🍴 돼지고기와 새우 짜조 9만 8000 VND, 연두부 튀김 6만 8000 VND, 완탕면 9만 8000 VND
🚩 Map ❶ 다낭 시내 북쪽

이런 요리도 있다!
색다른 베트남 요리

미 AA 해피 브레드 Mì AA Happy Bread

한 시장 근처에 있는 반미 전문 카페다. 한국인이 운영해 우리나라 카페와 분위기가 비슷하며 우리 입맛에 잘 맞는 편이다. 에어컨이 있어 실내가 시원하고 Wi-Fi도 이용할 수 있어 관광 중 쉬어 가기에도 좋다. 인기 메뉴는 스페셜 반미 중 베이컨, 햄, 달걀 프라이에 칠리와 마요 소스가 들어간 Banh Mi JJ이며 전통적인 맛을 좋아한다면 트래디셔널 반미 중에서 골라 주문하자.

📍 한 시장 근처, 다낭 대성당에서 도보 3분
🏠 14 Hùng Vương 🕐 07:00~22:00
🍴 Banh Mi JJ 6만 VND, 트래디셔널 반미 2만 5000~4만 VND
🚩 Map ❷ 다낭 시내 남쪽

껌가 아하이 Cơm Gà A Hải

베트남식 닭고기 덮고밥인 껌가Cơm Gà 전문점이다. 전기 구이 통닭처럼 바삭구운 닭고기 1/4조각이 볶음밥에 올려져 나오는 껌가 꽈이Cơm Gà Quay(한국어 메뉴에는 구운 치킨라이스)가 가장 인기 있다. 주문하면 소스와 맑은 닭 육수가 곁들여 나오고 메뉴에는 없지만 맥주도 주문할 수 있다. 닭 뼈를 바닥에 버려서 좀 지저분하다는 인상을 받을 수 있다.

📍 다낭 대성당에서 도보 7분
🏠 94~98, 100, 102 Thái Phiên 🕐 08:00~24:00
🍴 구운 치킨라이스 4만 8000 VND
🚩 Map ❷ 다낭 시내 남쪽

반뻬오 바베 Bánh Béo Bà Bé

후에 지방의 전통 음식인 반뻬오가 맛있기로 유명한 로컬 식당으로 현지인이
더 많다. 쫄깃한 식감의 반록Bánh Lọc과 반람잇Bánh Ram Ít도 맛있다. 대부분
의 메뉴는 1만 5000~2만 5000 VND인데 외국인 관광객의 경우 물어보지도
않고 반뻬오, 반록, 반람잇, 짜보(바나나 잎에 싸서 쪄낸 베트남식 소시지) 등이
포함된 한 상 차림을 차려주니 참고하자.

📍 피자 포 피스에서 도보 5분
🏠 100 Đường Hoàng Văn Thụ
🕐 06:00-19:00
🍴 반뻬오, 반록, 반람잇 1만 5000 VND
🚩 Map❶ 다낭 시내 남쪽

보네꿕민 Bò Né Quốc Minh

베트남식 스테이크인 보네를 판매하는 곳으로 현지인 및 관광객이 아침 식사
를 위해 찾는 곳이다. 뜨거운 철판 위에 고기, 채소, 달걀 프라이, 고수 등이 나
오는 단일 메뉴로 인원수대로 주문하면 된다. 바게트와 국물을 같이 주는데 바
게트에 철판 위에 나온 재료를 적절히 올려 먹거나 반미처럼 만들어서 먹으면
된다. 국물은 철판에 조금씩 부어 바게트를 찍어 먹으면 맛있다. 고수가 싫다
면 빼고 먹거나 미리 빼달라고 요청하자.

📍 하이랜드 커피 인도차이나 지점에서 도보 5분
🏠 28 Phan Đình Phùng
🕐 06:00-11:00
🍴 단일 메뉴 5만 5000 VND
🚩 Map❷ 다낭 시내 남쪽

냐항 짜이 R.O.M Nhà Hàng Chay R.O.M

베트남어로 짜이Chay는 채소를 뜻하며 이름에 Chay가 들어가면 채식 레스토
랑이다. R.O.M은 Revolution Of Mushroom의 줄임말로 이름 그대로 버섯
요리 전문 식당인 것이다. 채식주의자를 위한 메뉴가 다양하게 구비되어 있으
며 베트남 음식을 정갈하고 건강한 맛으로 재해석해 현지인과 관광객에게 인
기를 끌고 있다. 암 툭 쎄오, 피자 포 피스 등이 주변에 있다.

📍 다낭 대성당 및 참 조각 박물관에서 도보 7~9분
🏠 87 Đường Hoàng Văn Thụ
🕐 06:30-22:00
🍴 버섯 쌀국수 4만 VND, 파인애플 볶음밥 8만 VND,
   레인보우 샐러드 8만 VND
🚩 Map❷ 다낭 시내 남쪽

베트남 요리에서 벗어나

취향대로 즐기는 다양한 요리

───── · 스테이크 · ─────

레드 스카이 바 & 레스토랑 Red Sky Bar & Restaurant

트립 어드바이저에서 항상 상위권을 유지하는 스테이크 맛집으로 베트남 물가에 비하면 비싼 편이다. 가격 대비 맛은 괜찮은 편이라 현지 음식에서 벗어나고 싶을 때 들러보면 괜찮겠다. 꼭 먹어야 할 메뉴는 흑우 안심 스테이크인 블랙 앵거스 비프 텐더로인이다. 약 10가지에 달하는 다양한 스테이크 소스가 있어 취향대로 고를 수 있다.

📍 참 조각 박물관에서 도보 5분, 다낭 대성당에서 도보 7분 🏠 248 Đường Trần Phú

🕐 11:00-14:00, 17:00-23:00 🍴 흑우 안심 스테이크 레귤러(200g) 37만 VND, 헝그리(300g) 54만 VND, 파스타 14~21만 VND

🚩 Map ❶ 다낭 시내 남쪽

바빌론 스테이크 가든 Babylon Steak Garden

TV 여행 프로그램인 '원나잇 푸드트립'에 소개된 후 우리나라 관광객들 사이에서 스테이크 맛집으로 소문난 곳으로 대부분이 한국 손님이다. 3호점까지 있으며 대표 메뉴는 필레미뇽과 립아이 스테이크이며 뜨거운 돌판 위에 올려나오는 스테이크를 직원이 먹기 좋게 잘라준다. 우리나라에서보다 저렴한 가격으로 스테이크를 먹을 수 있고 맛도 괜찮은 편이다.

📍 풀만 다낭 비치 리조트에서 도보 5분(1호점) / 소피아 부티크 호텔에서 1분(2호점) / 라엘 스파에서 도보 3분(3호점)

🏠 422 Võ Nguyên Giáp(1호점) / 18 Phạm Văn Đồng(2호점) / 5-A10 Võ Văn Kiệt(3호점)

🕐 10:00-22:00

🍴 필레미뇽 250g 45만 VND, 립아이 500g 61만 VND, 모닝글로리 7만 VND

🚩 Map ❹ 미케 비치 남쪽 / Map ❸ 미케 비치 북쪽 / Map ❸ 미케 비치 북쪽 지도 밖

올리비아스 프라임 그릴&바 Olivia's Prime Grill & Bar

사랑의 다리 근처에 있는 그릴 레스토랑 겸 바로 우리나라 관광객은 스테이크를 먹으러 많이 찾는다. 스테이크는 100g 단위로 판매하는데 장작불로 그릴에 고기를 굽기 때문에 육즙이 그대로 살아 있다. 맥주에 곁들여 먹을 안주로는 소시지나 폭찹 등의 요리도 괜찮다. 바로 옆에 한식당인 남스 떡볶이Nam's Tokbokki가 있다.

📍 사랑의 다리에서 도보 1분

🏠 505 Trần Hưng Đạo

🕐 11:00-14:00, 17:00-22:30

🍴 안심 250g 68만 7000 VND, 믹스드 소시지 플레이트 35만 5000 VND

🚩 Map ❷ 다낭 시내 남쪽

핑크 스타 레스토랑 Pink Star Restaurant

로컬 식당에 비해 깔끔하고 쾌적한 스테이크 전문 레스토랑이다. 세트 메뉴처럼 구성된 핑크 스테이크 스페셜을 주문할 경우 매시 포테이토, 감자튀김, 구운 버섯이 곁들여 나온다. 해산물이 가득한 짬뽕 스타일의 파스타는 한국인 입맛에 딱 맞아 매콤한 음식이 당길 때 안성맞춤이다.

📍 노보텔 다낭 프리미어 한 리버에서 도보 6분

🏠 55K Nguyễn Chí Thanh

🕐 11:00-23:00

🍴 핑크 스테이크 스페셜1(안심 200g, 핑크 라벨 200g, 소시지, 블랙 타이거 새우) 75만 VND, 짬뽕 파스타 21만 VND

🚩 Map ❶ 다낭 시내 북쪽

··· 시푸드 ···

TIP | 시푸드 레스토랑 이용 TIP

- 미케 비치 해변가에는 시푸드 레스토랑이 많은데 가격은 베트남 물가에 비해 많이 비싼 편이다. 한국보다 약간 저렴하며 해산물 가격은 시가(1kg 기준)로 적혀 있다. 가장 많이 먹는 타이거 새우는 1kg에 70~80만 VND 정도다.
- 수조에 있는 해산물을 직접 고르고 무게(0.5kg, 1kg 등)를 정한 후 취향대로 조리법(구이, 튀김, 찜 등)을 선택하면 된다. 새우는 굽거나 쪄서 먹는 경우가 많으며 1kg을 구입한 경우 반반씩 다른 요리법으로 요청해도 된다. 갈릭 소스나 칠리소스 등 양념을 더해도 좋다.
- 레스토랑마다 기본으로 나오는 메추리 알, 땅콩, 과일 등은 무료가 아니며 큰 금액은 아니지만 먹을 경우 돈을 내야 하니 원하지 않을 경우 치워달라고 요청하자. 물티슈도 따로 돈을 받는다.
- 테이블마다 담당하는 직원이 있으며 직원에 따라 친절도가 다르지만 테이블 담당 직원에게 약간의 팁을 주면 좀 더 세심한 서비스를 받을 수 있다.
- 주문하지 않은 메뉴가 계산서에 추가되는 경우도 많으니 꼼꼼하게 확인한 후 계산해야 한다. 주문한 개수와 해산물 구입 가격을 알고 있어야 바가지요금을 피할 수 있다.

4U 비치 레스토랑 Nhà Hàng 4U Biển

미케 비치에 있는 다른 해산물 전문 레스토랑에 비해 규모가 크고 깔끔해 우리나라 관광객이 많이 찾는 곳이며 TV 여행 프로그램인 '원나잇 푸드트립'에 소개되어 더 유명해졌다. 메뉴판에 사진과 영어로 설명되어 있어 자리에 앉아서 고를 수도 있고 수족관에서 직접 고를 수도 있다. 가장 인기 있는 메뉴는 칠리크랩과 볶음밥, 새우구이 등이다. 시가로 계산하는데 주변의 다른 해산물 레스토랑들에 비해 가격이 많이 비싸다. 전망 좋은 야외 좌석에 앉아 석양을 감상하며 식사를 즐기려면 미리 예약해야 한다.

📍 미케 비치 알라카르트 호텔에서 도보 3분
🏠 Lô 9-10 Võ Nguyên Giáp
🕐 08:00-22:00
🍴 매일 시세에 따라 다름
🚩 Map ❸ 미케 비치 북쪽

베안 Hải Sản Bé Anh

꽌 베만과 더불어 유명한 해산물 전문 레스토랑이다. 자리에 앉기 전에 해산물을 고르고 요리 방법을 선택하면 된다. 모든 해산물은 베트남어로 kg당 시가로 적혀 있으며 타이거 새우는 크기에 따라 가격이 또 달라진다. 2~3명이 먹는다면 타이거 새우 1kg에 달걀 볶음밥 1개를 곁들이면 좋다. 에어컨은 없으며 주변에 흡연자가 앉을 경우 담배 연기 때문에 불편할 수 있다. 베안 2는 Be Bien으로 이름이 바뀌었으니 참고하자.

찾아가기 알라카르트 다낭 비치 호텔에서 도보 2분

📍 Lô 14-15 Hồ Nghinh

🕐 09:00-23:00

🍴 모든 해산물 가격은 당일 시가. 타이거 새우는 1kg에 80만 VND 안팎, 달걀 볶음밥 8만 VND

🚩 Map ❸ 미케 비치 북쪽

꽌 베만 Quán Bé Mặn

미케 비치에 있는 해산물 전문 레스토랑 중 가장 유명한 곳이다. 우리나라 수산 시장같이 해산물을 직접 고르고 요리 방법(칠리, 갈릭, 바비큐, 스팀 등)도 선택해야 하는데 영어가 거의 통하지 않으니 미리 원하는 메뉴를 정하고 가는 것이 좋다. 사람들이 가장 많이 찾는 메뉴는 타이거 새우와 가리비 등의 조개류인데 새우는 스팀이나 칠리, 조개류는 갈릭이나 바비큐 방식으로 조리하는 것이 맛있다. 5분 거리에 분점인 베만 B도 있다.

📍 미케 비치 퓨전 스위트 다낭 비치 근처

🏠 Lô 11 Võ Nguyên Giáp

🕐 10:00-23:00

🍴 매일 시세에 따라 다름

🚩 Map ❸ 미케 비치 북쪽

TIP | 해산물 이름과 기타 단어

Cua	민물 게	Chíp Chíp	조개(바지락 종류)	Tôm Tít	갯가재
Cua Gạch, Cua Cái	암게	Nghêu	조개(모시조개 종류)	Tôm Hùm	바닷가재
Cua Thịt, Cua Đực	수게	Sò Điệp	가리비	Lớn	큰 사이즈
Cá	생선	Hàu	굴	Nhỏ	작은 사이즈
Ghẹ	바다 게	Mực	오징어	Khăn Lạnh	물티슈
Ghẹ Đỏ	무늬 게	Tôm	새우	Bia	맥주
Ghẹ Xanh	푸른 게	Tôm Sú	타이거 새우	Nước Ngọt	탄산음료

·인터내셔널·

버거 브로스 Burger Bros

'NO Burger, NO Life!'라는 캐치프레이즈가 인상적인 수제 버거 전문점으로 다
낭에서 손꼽히는 맛집이다. 촉촉한 빵과 두툼하고 육즙 가득한 패티로 유명하
며 대표 메뉴는 두꺼운 패티가 2장 들어 있는 미케 버거와 바싹 구운 베이컨과
달걀 반숙이 들어간 베이컨 에그 버거 등이다. 미케 비치 근처의 1호점과 노보
텔 다낭 프리미어 한 리버 근처에 2호점을 운영하며 중간에 브레이크 타임이
있으니 방문 시 유의하자.

📍 미케 비치 홀리데이 비치 다낭 리조트에서 도보 5분(1호점) / 노보텔 다낭
　 프리미어 한 리버에서 도보 9~10분(2호점)
🏠 31 An Thượng 4(1호점) / 4 Nguyễn Chí Thanh(2호점)
🕐 11:00-14:00, 17:00-22:00
🍴 미케 버거 14만 VND, 베이컨 에그 버거 11만 VND, 콤보(버거에 프렌치프
　 라이 또는 코울슬로+음료) 3~4만 VND
🚩 Map ❹ 미케 비치 남쪽 / Map ❶ 다낭 시내 북쪽

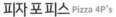

피자 포 피스 Pizza 4P's

호찌민, 하노이, 다낭에 지점이 있는 화덕 피자 전문점이다. 시그니처 메뉴는
부라타Burrata 치즈가 올라간 피자로 파르마 햄, 파르마 햄 마르게리타, 앤초
비 토마토 중에 선택할 수 있다. 치즈를 좋아하는 사람이라면 3~5가지 종류의
치즈를 올린 하우스 메이드 치즈 피자를 추천한다. half & half로도 주문할 수
있어 부라타 치즈 피자와 일반 피자를 반반으로 주문하는 사람이 많다. 홈페이
지에서(pizza4ps.com/reservation)에서 예약이 가능하니 식사 시간대에는
미리 예약하고 가자.

📍 참 조각 박물관, 롱교에서 도보 7~9분
🏠 8 Hoàng Văn Thụ 　🕐 10:00-22:00
🍴 부라타 파르마 햄 피자 full size 29만 VND,
　 하우스 메이드 치즈 피자 3가지 치즈 18만 VND
🚩 Map ❷ 다낭 시내 남쪽

리몬첼로 Limoncello

이탈리아 사람이 운영하는 정통 이탈리아 레스토랑으로 노란색 외관이 눈에
확 띈다. 전식부터 디저트까지 이탈리아 코스 요리를 모두 판매하는데 파스타
나 샐러드, 피자만 단품으로 먹어도 된다. 점심시간에 가면 2코스 또는 3코스
의 런치 세트를 주문할 수 있는데 양도 푸짐하고 가격도 합리적이다. 한국어
메뉴에 설명이 자세하게 되어 있다.

📍 다낭 대성당에서 도보 1분
🏠 187 Trần Phú
🕐 11:30-23:00
🍴 런치 2코스 19만 5000 VND,
　 3코스 28만 5000 VND
🚩 Map ❷ 다낭 시내 남쪽

르 랑데부 Le Rendez Vous

캐주얼한 분위기의 프렌치 레스토랑이다. 베트남 물가를 고려하면 비싼 편이지만 우리나라에 있는 프렌치 레스토랑보다는 훨씬 저렴하고 맛도 훌륭해서 다낭에 있는 동안 한번 들러볼 만하다. 꼬치구이인 브로셰트Brochettes 요리가 유명한데 닭고기, 쇠고기, 믹스 중 선택할 수 있다. 갈릭 버터에 구운 조개구이나 프랑스식 스테이크인 옹글레도 맛있다.

📍 노보텔 다낭 프리미어 한 리버에서 도보 10~12분 / 버거 브로스 2호점에서 도보 1~2분

🏠 20 Lý Thường Kiệt

🕐 11:00-15:00, 18:00-22:00

🍴 믹스 브로셰트 22만 VND,
옹글레 스테이크Butcher Steak 29만 VND

🚩 Map ❶ 다낭 시내 북쪽

머캣 Merkat

스페인 발렌시아 출신 셰프가 운영하는 정통 스페인 요리 레스토랑으로 스타일리시하고 예쁜 인테리어가 돋보이지만 에어컨이 없어 여름철에는 좀 덥다. 하몽이나 타파스에 샹그리아 한잔을 마시기에 좋으며 빠에야도 유명하다. 빠에야는 2인부터 주문 가능한데 요리 시간이 30분 정도 소요되니 유념해서 주문하자. 홈페이지(merkatrestaurant.com)에서 예약을 하고 갈 수도 있다.

📍 블러바드 젤라토 & 커피에서 도보 1분

🏠 79 Lê Lợi

🕐 수~월요일 11:30-14:30, 18:00-22:00, 화요일 휴무

🍴 감바스 15만 VND,
하몽 29만 VND, 빠에야 2인 48만 VND

🚩 Map ❶ 다낭 시내 남쪽

마하라자 인디언 레스토랑 Maharaja Indian Restaurant

미케 비치 근처에 있는 인도 요리 레스토랑으로 여러 종류의 난을 비롯해 커리, 탄두리 치킨, 짜파티 등 다양하고 맛있는 인도 음식을 판매한다. 야외 좌석에는 담배를 피우는 사람들이 있으므로 아이와 함께 갈 경우에는 실내 좌석에 앉는 것이 좋다. 2가지 커리와 밥, 탄두리 치킨, 난, 라씨가 포함된 런치 콤보 메뉴(18만 5000 VND)를 주문할 수도 있다.

📍 알라카르트 호텔에서 도보 3분

🏠 04 Dương Đình Nghệ

🕐 10:30-23:00

🍴 탄두리 치킨 13만 VND,
커리 7만 8000~19만 5000 VND

🚩 Map ❸ 미케 비치 북쪽

마이 까사 My Casa

이탈리아와 스페인 퓨전 요리를 맛볼 수 있는 곳으로 식사를 하거나 저녁에 타파스나 브루스케타 등을 곁들여 간단히 한잔하기에 좋다. 미케 비치 근처에 있으며 1층과 야외석을 레스토랑으로 운영하고 2층은 가정집이다. 파스타는 직접 만든 생면을 사용해 담백한 편이며 전체적으로 맛이 자극적이지 않다.

📍 소피아 부티크 호텔에서 도보 6분

🏠 52 Võ Nghĩa

🕐 목~화요일 11:00-14:00, 17:00-22:00, 수요일 휴무

🍴 마르게리타 피자 19만 VND, 볼로네제 파스타 19만 VND, 모히토 10만 VND

🚩 Map ❸ 미케 비치 북쪽

더 골든 드래곤 The Golden Dragon

그랜드 머큐어 다낭 호텔 2층에 있는 레스토랑으로 딤섬을 무제한으로 즐기고 싶다면 이곳을 추천한다. 딤섬 종류가 너무 많아 고르기 쉽지 않다면 *로 표시된 추천 메뉴 중 골라보자. 생맥주와 소프트 드링크, 볶음밥, 면 종류, 디저트 등도 포함되어 있다. 월요일은 휴무이며 일요일 런치는 제외한다.

📍 다낭 대성당에서 차로 8분

🏠 Lot A1 Zone of the Villas of Green Island

🕐 화~금요일 11:30-14:00, 17:30-21:30, 일요일 17:30-21:30, 월요일 휴무

🍴 1인 50만 VND, 10% 부가세와 5% 서비스 차지 별도

🚩 Map ❷ 다낭 시내 남쪽 지도 밖

스시 베 Sushi-Bê

다낭에서도 고급 레스토랑으로 잘 알려진 레스토랑으로 일본인 셰프가 직접 요리하는 전통 일식을 즐길 수 있다. 대부분의 재료를 일본에서 공수해 와서인지 가격은 많이 높은 편이지만 그만큼 양질의 스시를 먹을 수 있는 곳이다. 가격에 부가세는 불포함이다.

📍 노보텔 다낭 프리미어 한 리버 호텔에서 도보 6분

🏠 38 Nguyễn Chí Thanh

🕐 화~일요일 17:30-23:00, 월요일 휴무

🍴 캘리포니아 롤 33만 VND, 초밥 1피스 6만 6000~15만 4000 VND, 면과 밥 종류 29~45만 VND

🚩 Map ❶ 다낭 시내 북쪽

패밀리 인디언 Family Indian

2013년에 문을 연 인도 음식점으로 2호점은 1호점에서 500m 떨어진 곳에 있다. 레스토랑 규모는 크지 않으며 신선한 재료 사용을 원칙으로 한다. 현지인, 외국인, 한국 관광객 모두에게 인기가 좋으며 누구나 무난하게 먹을 수 있는 버터 치킨 커리를 추천한다.

📍 알라카르트 다낭 비치 호텔에서 도보 5분

🏠 1호점 231 Hồ Nghinh / 2호점 K231/39 Nguyễn Công Trứ

🕐 10:00-22:00

🍴 플레인 난 2만 9000 VND, 갈릭 난, 버터 난 3만 7000 VND, 커리 9만 VND~10만 5000 VND, 탄두리 치킨 7만 5000 VND

🚩 Map ❸ 미케 비치 북쪽

· 한식 & 배달 ·

홍대 바비큐 & 비어 Hong Dae BBQ & BEER

베트남 대표 한식 브랜드인 한국의 프랜차이즈 중 하나인 홍대 바비큐 & 비어는 다낭의 백종원으로 알려진 이주형 사장이 직접 운영하는 한식 레스토랑이다. 삼겹살, 갈비, 김치찌개, 냉면, 비빔밥 등 대표적인 한식을 판매한다. 김치찌개는 좀 단 편이라 칼칼한 맛을 기대한다면 실망할 수 있고 현지 맥주는 저렴하지만 한국 소주는 1병에 9만 9000 VND로 좀 비싸다. 한식이 그리울 때 한 번쯤 방문해봐도 괜찮은 곳이다.

📍 다낭 대성당에서 도보 8분

🏠 45 Lê Hồng Phong 🕐 11:00-23:00

🍴 김치찌개 9만 9000 VND, 삼겹살 200g 14만 9000 VND

🚩 Map ❷ 다낭 시내 남쪽

박가네 Trời ơi Chicken & BBQ

미케 비치 근처에 있는 한식당으로 식당에 가서 먹어도 되고 시내에 있는 숙소로 배달도 가능하다. 카카오톡(ID:Troioichicken)으로 쉽게 배달 주문을 할 수 있어 늦은 시간 출출할 때 이용하면 편리하다. 안주, 식사, 면 요리까지 다양한 메뉴가 있으며 메뉴를 카카오톡으로 보내주니 보고 주문하면 된다. 배달 비용은 주문 금액과 위치에 따라 다르다.

📍 미케 비치 알라카르트 다낭 비치 옆

🏠 1 Dương Đình Nghệ 🕐 11:00-24:00

🍴 김치찌개 12만 VND, 보쌈 정식 14만 VND, 반반 치킨 30만 VND

🚩 Map ❸ 미케 비치 북쪽

마스터 떡볶이 Master Ttok-bokki

미케 비치 근처에 있는 배달 전문 한식당이다. 떡볶이, 김밥, 쫄면 등의 메뉴가 있는데 매콤한 떡볶이와 마약김밥은 자꾸 시켜 먹고 싶을 정도로 맛있다. 카카오톡(ID:master085)으로 메뉴를 받아보고 주문할 수 있으며 숙소 로비에 나가서 받으면 된다. 무료 배달은 $15 이상이면 되고, 달러나 베트남 동으로 현금 결제만 가능하다.

📍 미케 비치 푸라마 리조트 근처

🏠 69 Trần Văn Thành 🕐 11:00-01:00

🍴 떡볶이 $4, 마약김밥 $4, 과일 탕수육 $8

🚩 Map ❹ 미케 비치 남쪽

아이러브 바비큐 I Love BBQ

한국인이 운영하는 바비큐 맛집으로 가게 내부는 등으로 장식해 베트남 현지 느낌이 물씬 풍긴다. 베트남 음식이 잘 맞지 않는 여행객이나 아이를 동반한 가족에게 추천한다. 1, 2층으로 되어 있으며 1층 한 켠이 수영장처럼 움푹한데 전에 호텔이었던 건물을 개조해서 그렇다. 단품, 다양한 세트 메뉴는 물론 1인 메뉴도 준비되어 있다. 카드 결제는 안 되니 꼭 현금을 준비하자.

📍 버거 브로스 1호점 옆

🏠 29 An Thượng 4 🕐 11:00-21:00

🍴 베이비 백립 스페셜 패밀리 사이즈(4인 기준) 75만 VND, 닭다리 양념 숯불 구이(6조각) 25만 VND

🚩 Map ❹ 미케 비치 남쪽

개성 넘치는 베트남의
체인 카페

콩 카페 Cộng Cà Phê

빈티지하고 힙한 인테리어와 맛있는 커피로 유명한 콩 카페의 다낭 지점으로 손님의 대부분이 한국인이다. 코코넛 밀크를 얹은 커피 스무디 Cốt Dừa Cà Phê가 가장 인기 메뉴이며 수박 주스도 맛있다. 한 강변에 있는 1호점은 2, 3층 전망도 좋아 항상 손님으로 북적거리기 때문에 조용한 분위기를 원한다면 한 시장 근처 골목에 있는 2호점을 방문하자.

📍 1호점은 미 AA 해피 브레드에서 도보 1분 / 2호점은 한 시장에서 도보 1분

🏠 98-96 Bạch Đằng(1호점) / 39-41 Nguyễn Thái Học(2호점)

🕐 07:00-23:00   🍴 코코넛 커피 스무디 4만 5000 VND, 수박 주스 4만 9000 VND   🚩 Map ② 다낭 시내 남쪽

하이랜드 커피 Highlands Coffee

2000년도에 하노이에서 시작된 베트남 커피 전문점인 하이랜드 커피는 베트남 전역에 많은 지점이 있어 베트남의 스타벅스라고 불린다. 우리나라 관광객이 가장 많이 방문하는 곳은 한 강변에 있는 인도차이나 리버사이드 타워 1층에 있는 지점이다. 연유 아이스커피인 핀 쓰어다Phin SữaĐá가 가장 유명한 메뉴이지만 베트남식 아이스 블랙커피인 핀 덴다Phin ĐenĐá도 맛있다.

📍 콩 카페에서 도보 1분
🏠 Indochina Riverside Tower 1층, 74 Bạch Đằng(Indochina점)
🕐 06:00-23:00
🍴 핀 쓰어다 2만 9000~3만 9000 VND
🚩 Map ❷ 다낭 시내 남쪽

더 커피 하우스 The Coffee House

베트남 전 지역에 여러 개의 점포가 있는 프랜차이즈 카페로 다낭 시내에만 8개 지점이 있다. 넓은 실내에 에어컨이 설치되어 있어 잠시 쉬어 가기 좋다. 아메리카노와 연유 커피는 커피로 만든 아이스 큐브를 넣어주어 끝까지 진한 커피 맛을 느낄 수 있다. 관광객이 가기 좋은 곳은 팻피쉬 레스토랑 근처 지점과 참 조각 박물관 인근 지점이다.

📍 참 조각 박물관에서 도보 2분 / 팻피쉬 레스토랑에서 도보 1분 미만
🏠 2 Nguyễn Văn Linh(참 조각 박물관 근처) / 461 Đường Trần Hưng Đạo(팻피쉬 레스토랑 근처)
🕐 07:00-22:00
🍴 아메리카노 2만 9000 VND, 연유 커피 2만 9000 VND, 블루베리 스무디 5만 9000 VND
🚩 Map ❷ 다낭 시내 남쪽

커피 마니아는 눈여겨보자!

커피 맛으로 승부하는 카페

43 팩토리 커피 로스터 43 Factory Coffee Roaster

인스타그램에서 핫한 카페로 딱 봐도 커피 전문점 분위기가 물씬 풍긴다. 벽돌로 된 메인 건물을 둘러싼 연못 사이사이에 놓인 야외 좌석은 연못 높이에 맞춰 호리타타미처럼 만들어놓았다. 내부에 로스팅 기계가 있으며 좌석 배치도 여유롭고 창이 넓고 탁 트인 구조라 답답하지 않다. 베트남식 커피뿐만 아니라 여러 추출 방식의 커피도 맛볼 수 있다.

📍 버거 브로스 1호점에서 도보 2분　🏠 422 Ngô Thì Sỹ　🕐 08:00~22:00

🍴 연유 커피 5만 5000 VND, 코코넛 커피 6만 VND, 아메리카노 5만 5000 VND　🏁 Map ❹ 미케 비치 남쪽

미아 커피 로스터리
Mia Coffee Roastery

유명한 로스터리 카페로 커다란 로스팅 기계에서 바로 로스팅하여 커피를 뽑고 원두도 판매한다. 문이 없는 개방형 구조이며 천장이 높고 선풍기가 여러 대 있어 통풍이 잘 되고 벽돌과 나무로 장식된 내부 인테리어가 스타일리시하다. 1층에는 담배를 피우는 사람도 있으니 담배 연기가 싫다면 2층으로 올라가자.

- 🛈 노보텔 다낭 프리미어 한 리버에서 도보 5분
- 🏠 9 Quang Trung
- 🕐 06:00-18:00
- 🍴 사이공 밀크 커피 2만 6000 VND
- 🚩 Map ❶ 다낭 시내 북쪽

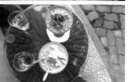

골드 스타 커피 Gold Star Coffee

실력 있는 바리스타들이 뽑아낸 스페셜티 커피를 판매하는 아담한 카페다. 신선한 유기농 원두를 직접 로스팅하여 만든 맛있는 커피를 마실 수 있으며 원두와 추출 방법을 직접 선택할 수 있다. 번화가에서 좀 떨어진 한적한 지역에 있지만 일부러 찾아갈 만한 가치가 있다.

- 🛈 미케 비치 안쪽, 버거 브로스에서 도보 7분
- 🏠 14 Ngô Thi Sỹ 🕐 07:00-22:00
- 🍴 골드 스타 스페셜티 커피 2만 VND, 에스프레소 3만 VND
- 🚩 Map ❹ 미케 비치 남쪽

더 로컬 빈스 The Local Beans

깔끔한 인테리어가 돋보이는 카페로 노란색 건물의 피비텔 부티크 다낭Fivitel Boutique Da Nang 호텔과 바로 붙어 있다. 피비텔 호텔과는 다른 곳이니 헷갈리지 말자. 2013년에 5D Coffee Shop을 시작한 5D 팀에서 하는 곳으로 커피 외에 주스, 티, 반미도 맛볼 수 있다.

- 🛈 다낭 대성당에서 도보 7분
- 🏠 56A Lê Hồng Phong
- 🕐 06:00-22:30
- 🍴 로컬 커피 2만~3만 5000 VND, 라테, 카푸치노 3만 8000 VND, 반미 2만 VND
- 🚩 Map ❶ 다낭 시내 남쪽

• DA NANG DINING •

아오자이 입고 가면 더 예쁜
베트남 스타일 카페

다낭 1975 Danang 1975

아담한 실내에 빈티지 느낌이 나는 소품으로 꾸며 눈길을 끄는 카페로 사진을 찍으면 예쁘게 나온다. 저녁이면 한 강을 마주하고 있는 간이 테이블은 손님으로 북적인다. 이곳에 앉아 커피를 마시면 여행의 피로를 강바람과 함께 싹 날려버릴 수 있다. 대부분의 음료를 1회용 컵에 담아주는 것은 아쉽다.

📍 노보텔 다낭 프리미어 한 리버에서 도보 2분 　🏠 30 Bạch Đằng 　🕐 07:00~23:00

🍴 코코넛 커피 2만 7000 VND, 스무디 3만 5000 VND, 사이공 우유 커피 2만 VND 　🚩 Map ❶ 다낭 시내 북쪽

카꽁 카페 Ka Cộng Café

베트남 전통 레스토랑과 카페를 같이 운영하는 곳으로 아직 관광객에게 많이 알려지지 않았지만 베트남 분위기가 물씬 나는 예쁜 인테리어와 아늑한 분위기, 맛있는 음식으로 점점 인기가 높아지고 있다. 카페에서도 음식을 주문해서 먹을 수 있어 깔끔하고 분위기 좋은 곳에서 여유롭게 베트남 전통 음식과 커피를 한꺼번에 즐길 수 있어 좋다.

📍 미케 비치 알라카르트 호텔에서 도보 4분
🏠 레스토랑 77 Hà Bổng / 카페 79 Hà Bổng
🕐 레스토랑 08:30-20:30 / 카페 06:00-22:30
🍴 반쎄오 6만 VND, 해산물 볶음밥 9만 5000 VND, 포시즌 스프링롤 8만 9000 VND
🚩 Map ❸ 미케 비치 북쪽

한껏 여유를 누리기 좋은
가든 카페

목 미엔 가든 카페 Mộc Miên Garden Coffee

참 조각 박물관 근처에 있는 카페로 좁은 입구를 통해 들어가면 신비로운 분위기의 정원과 예쁜 연못이 눈앞에 펼쳐진다. 대부분의 사람들이 야외 좌석에 앉아 음료를 마시며 한가로운 시간을 만끽하는데 날씨가 더운 날에는 실내 좌석에서 에어컨 바람을 쐴 수도 있다. 현지인 손님이 대부분이며 데이트 코스로도 인기가 많다. 바로 옆에는 목 미엔 비어 가든도 오픈했다.

📍 참 조각 박물관에서 도보 3분 🏠 34, 2 tháng 9

🕐 06:30-22:30 🍴 커피 1만 2000~2만 VND, 주스 1만 5000~2만 5000 VND

🚩 Map ❷ 다낭 시내 남쪽

클라우드 가든 Cloud Garden

미케 비치 북쪽에 있는, 현지인에게 인기 많은 카페다. 골목 안쪽 한적한 곳에 위치하는데 예쁜 연못과 나무가 무성한 아름다운 정원이 있어 사진을 찍기 위해 많이 찾으며 밤에는 조명을 예쁘게 밝혀 더 낭만적인 분위기가 연출된다. 커피 외에 다양한 음료도 맛있고 가격이 저렴한 데다 직원들도 친절해서 점점 관광객에게 인기를 얻고 있다.

📍 미케 비치 북쪽 소피아 부티크 호텔에서 도보 8분
🏠 72 Lê Mạnh Trinh
🕐 06:30-22:00
🍴 사이공 연유 커피 2만 VND, 주스 2만 5000~4만 VND
🚩 Map ❸ 미케 비치 북쪽

쯩웬 레전드 카페 Trung Nguyên Legend Café

'G7'이라는 브랜드로 잘 알려진 쯩웬 커피를 다양하게 즐길 수 있는 곳이다. 정원이 있는 넓은 공간이 돋보이는 카페로 테이블이 많아 한적하다. 연유 커피를 주문하면 베트남 전통 방식의 드리퍼로 만든 커피와 얼음, 연유가 따로 나와 직접 제조해서 마시는 방식이다. 레벨에 따라 커피 농도가 나뉘어 있어 원하는 대로 주문할 수 있다. 가격은 로컬 카페보다 비싼 편이며 다양한 커피도 구입할 수 있다.

📍 사노우바 다낭 호텔에서 도보 7분 🏠 138 Nguyễn Thị Minh Khai
🕐 06:00-22:00 🍴 연유 커피 8만 5000 VND, 블랙커피 8만 1000 VND
🚩 Map ❷ 다낭 시내 남쪽

당 충전이 필요한 순간 가기 좋은
카페 & 디저트

블러바드 젤라토 & 커피
Boulevard Gelato & Coffee

베트남 커피뿐만 아니라 다양한 젤라토를 맛볼 수
있는 곳이다. 베트남답게 다양한 열대 과일 맛의
젤라토도 있으니 좋아하는 과일 젤라토를 먹으며
달콤한 시간을 즐겨보자. 에어컨이 있어 더욱 시원
하게 쉬어 갈 수 있다.

📍 리몬첼로 레스토랑에서 도보 4분
🏠 77 Trần Quốc Toản
🕐 07:30~22:00
🍴 1스쿱 3만 5000 VND, 2스쿱 6만 5000 VND
🚩 Map ❷ 다낭 시내 남쪽

아로이 디저트 카페
Aroi Dessert Café

한 시장 근처 한 강변에 있는 유명 디저트 카페다. 시그니처 메뉴인 테디 무스 케이크를 비롯해 달콤한 디저트를 판매하며 커피, 차, 스무디, 주스 등 다양한 음료 메뉴가 있다. 1, 2층에서 모두 주문할 수 있다. 평소에는 전망 좋은 2층 테라스 좌석과 3층 루프톱 좌석이 먼저 차지만 날씨가 더울 때는 에어컨을 틀어놓은 2층 실내 좌석이 인기 있다.

- 📍 한 시장에서 도보 2분 / 다낭 대성당에서 도보 3분
- 🏠 124 Bạch Đằng
- 🕐 07:00-23:00
- 🍴 테디 무스 케이크 스몰 3만 5000 VND, 코코넛 소르베 커피 3만 5000 VND
- 🚩 Map ❷ 다낭 시내 남쪽

아바 초콜릿 파티세리 & 티룸
AVA Chocolate Patisserie & Tearoom

2015년에 오픈한 티룸으로 녹차, 홍차, 우롱차 등의 차와 케이크, 타르트, 마카롱 같은 달콤한 디저트를 즐길 수 있는 곳이다. 아담한 규모의 내부는 로맨틱한 스타일로 사랑스럽게 꾸며져 있으며 파티셰인 주인이 만들어내는 디저트들은 입에서 살살 녹는다. 예쁘게 포장된 수제 초콜릿도 선물용으로 구입할 수 있다.

- 📍 까오다이교 사원에서 도보 5분
- 🏠 124 /3 Quang Trung
- 🕐 화~일요일 16:00-22:00, 월요일 휴무
- 🍴 티 컵 4~6만 VND, 팟(2~4인) 10~15만 VND, 마카롱 개당 2만 VND, 타르트와 케이크 7만 5000~10만 VND
- 🚩 Map ❶ 다낭 시내 북쪽

꼭 커피가 아니어도 좋은
브런치 레스토랑

르 쁘띠 카페 Le Petit Café

하늘색 외관과 아기자기한 인테리어가 감성을 자
극하는 예쁜 카페. 실내는 에어컨이 있어 시원하고
알록달록한 파스텔 톤으로 꾸며져 있어 아이들도
좋아한다. 토스트, 샌드위치, 반미, 스프링롤 등 간
단한 아침 메뉴를 파는데 미케 비치 근처에 숙박한
다면 이곳에서 아침이나 브런치를 즐겨도 좋다.

📍 버거 브로스, 엘 스파에서 도보 2분
🏠 51 Hoàng Kế Viêm
🕐 07:00-22:30
🍴 베트남식 반미 3만 VND, 커피 및 음료 2만
　9000~4만 5000 VND
🚩 Map ④ 미케 비치 남쪽

코히바 Cohibar

저녁 시간에 들러 맥주나 칵테일, 와인에 안주를 곁들여 먹어도 좋고 아침에 브런치를 먹어도 좋다. 브런치로는 오믈렛이나 샌드위치, 버거, 볶음 국수인 미싸오를 많이 먹으며 커피도 곁들여 마실 수 있다. 밤에는 분위기 좋은 테라스 좌석에 손님들이 북적이고 술을 마시며 물담배를 피우는 사람도 많다.

📍 버거 브로스, 엘 스파에서 도보 1분

🏠 2-4-6 An Thượng 3

🕐 08:00~24:00

🍴 버거 12만 5000~17만 5000 VND, 미싸오 6만 5000 VND, 커피 2만 5000~6만 VND

🚩 Map ❹ 미케 비치 남쪽

식스 온 식스 SIX ON SIX

미케 비치 안쪽 좁은 골목길에 숨어 있는 카페로 위층은 여행자 숙소로 운영된다. 노란 대문을 통해 안으로 들어가면 나무가 우거진 작은 정원이 있고 아담한 주택 1층에 카페가 있다. 베트남 아라비카 원두를 사용하는 맛있는 커피와 오믈렛, 샌드위치, 부리토 등으로 브런치를 즐기러 찾는 사람이 많다.

📍 람 비엔 레스토랑에서 도보 3분 / 풀만 다낭 비치 리조트에서 도보 약 12분

🏠 6/6 Dương Chế Lan Viên

🕐 화~일요일 08:00-17:00, 월요일 휴무

🍴 부리토 12만 VND, 블루 치즈 오믈렛 13만 5000 VND, 카페 쓰어다 4만 5000 VND

🚩 Map ❹ 미케 비치 남쪽

해피 하트 카페 Happy Heart Café

친절한 서비스와 맛있는 음식으로 사랑받는 카페 겸 레스토랑으로 청각 장애인들이 직원으로 일하고 있다. 피자, 라자냐, 버거 등과 잉글리시 브렉퍼스트, 오믈렛 등 25가지가 넘는 아침 식사, 브런치 메뉴를 판매한다. MSG를 사용하지 않으며 직접 구운 빵과 직접 만든 신선한 주스 등 건강한 요리를 즐길 수 있다.

📍 노보텔 다낭 프리미어 한 리버에서 도보 2~3분

🏠 9 Lý Tự Trọng

🕐 월~토요일 07:30-21:00, 일요일 휴무

🍴 잉글리시 브렉퍼스트 12만 5000 VND, 버거 11~14만 9000 VND, 코코넛 커피 4만 VND

🚩 Map ❶ 다낭 시내 북쪽

루남 비스트로 RuNam Bistro

최상급 베트남 원두만을 골라 커피를 만드는 프리미엄 카페 겸 레스토랑, 루남 비스트로의 다낭 지점으로 호찌민, 나트랑에도 지점이 있다. 이탈리언 커피, 베트남 커피, 시그니처 커피 등이 있는데 에그 커피 등 독특한 시그니처 커피 중 하나를 시도해보아도 좋다. 이탈리언 커피에 쿠키와 2개의 미니 디저트가 나오는 카페 구르망Cafe Gourmand이 인기 메뉴다. 쌀국수, 반미 등의 베트남 음식도 판매(10~16만 VND)한다.

📍 노보텔 다낭 프리미어 한 리버에서 도보 2~3분

🏠 22-24 Bạch Đằng

🕐 07:00~23:00

🍴 베트남 커피 7~8만 VND, 카페 구르망 12만 VND

🚩 Map ❶ 다낭 시내 북쪽

코코그린 카페
Kokogreen Phan Liêm

싱싱한 생과일 주스와 스무디 그리고 샐러드 등을 판매하는 곳이다. 인기 메뉴로는 자신이 원하는 샐러드, 고기, 라이스, 드레싱을 골라 조합할 수 있는 세트 메뉴가 있다. 채식주의자를 위한 파인애플 볶음밥, 고기 대신 두부를 사용한 세트 메뉴도 있어 선택의 폭이 넓다.

📍 센 부티크 호텔에서 도보 2분

🏠 5-6 Phan Liêm

🕐 07:30-22:00

🍴 세트 메뉴 5만 9000~6만 5000 VND, 단품 메뉴 8만 5000~9만 5000 VND, 스무디 4만 9000 VND, 주스 4만 5000 VND

🚩 Map ④ 미케 비치 남쪽

탄떰 베이커리 & 커피
Thanh Tam Bakery & Coffee

장애 아동의 교육을 위해 설립된 탄떰 교육기관에서 운영하는 베이커리 겸 카페로 넓은 정원이 있으며 여유롭고 평화로운 분위기를 느낄 수 있다. 가격도 착해 부담 없이 들러 커피를 마시거나 약간의 허기진 배를 채우기에 좋다. 현금 결제만 할 수 있으니 참고하자.

📍 엘 스파에서 도보 2분

🏠 The corner of, Ngô Thì Sỹ

🕐 월~토요일 07:00-17:00, 일요일 휴무

🍴 밀크 커피 1만 5000 VND, 크루아상 7000 VND, 치즈 샌드위치 2만 5000 VND

🚩 Map ④ 미케 비치 남쪽

다낭의 밤을 더 화려하고 낭만적으로 만드는
분위기 좋은 바 & 클럽

스카이 36 Sky 36

노보텔 다낭 프리미어 한 리버에 있는 다낭에서 가장 높은 스카이라운지 겸 클럽으로 최고의 야경을 감상할 수 있다. 35층은 라운지, 36층은 루프톱 바로 운영되며 디제이가 트는 신나는 음악과 폴댄스를 추는 댄서들이 분위기를 뜨겁게 달군다. 인기가 높아지면서 주류 금액을 2~3배 올려 우리나라의 바와 비슷한 수준이며 밤 10시부터는 럭셔리 칵테일만 주문할 수 있다. 관광객에게는 관대한 편이지만 원래는 드레스 코드가 있어 반바지나 슬리퍼 차림은 입장이 불가능하다.

📍 노보텔 다낭 프리미어 한 리버 루프톱
🏠 36 Bạch Đằng
🕐 18:00-02:00
🍴 맥주 및 클래식 칵테일 20만 VND,
   럭셔리 칵테일 40만 VND
🚩 Map ❶ 다낭 시내 북쪽

젠 루프톱 라운지 Zen Rooftop Lounge

퓨전 스위트 다낭 비치 리조트 맨 꼭대기에 있는 루프톱 라운지로 근처에 높은 건물이 없어 미케 비치에서 썬짜 반도까지 이어지는 해안선과 주변 전경을 감상하기 좋다. 로맨틱한 저녁 식사부터 칵테일을 비롯해 음료까지 실내외 좌석에서 즐길 수 있다. 해피 아워에 가면 무료 스낵 등의 여러 가지 서비스 혜택을 받을 수 있으며 금요일과 토요일 저녁에는 음악 공연도 있다.

📍 다낭 대성당에서 차로 약 10분 🏠 Fusion Suites Danang Beach, Võ Nguyên Giáp

🕐 17:00-24:00(해피 아워 17:00-18:30, 디너 18:30-22:30)

🍴 칵테일 12만 9000~15만 9000 VND, 메인 요리 22만 5000~59만 5000 VND 🚩 Map ❸ 미케 비치 북쪽

팻피쉬 Fatfish

사랑의 다리 근처에 있는 지중해식 아시안 퓨전 요리 레스토랑 겸 라운지 바다. 깔끔하고 스타일리시한 인테리어에 요리도 맛있어 식사를 하러 찾는 사람이 많으며 저녁 시간에 야경을 보며 와인이나 칵테일, 맥주를 마시기에도 좋다. 홈 메이드 포카치아 위에 각기 다른 토핑을 올려 나오는 DECK 메뉴는 와인과 함께 먹기 좋아 인기다. 가족 동반 여행이라면 최고의 선택이 될 수 있다.

📍 사랑의 다리에서 도보 2분

🏠 439 Trần Hưng Đạo

🕐 10:00-22:00

🍴 베지 덱 Veggie Deck 19만 VND,
패션 프루트 모히토 12만 5000 VND

🚩 Map ❷ 다낭 시내 남쪽

루나 펍 Luna Pub

피자와 맥주 한잔을 즐기기 좋은 캐주얼한 분위기의 이탈리언 레스토랑 겸 펍이다. 2층까지 뚫린 높은 천장과 빈티지 트럭을 개조한 디제이 부스, 벽면의 과감한 그라피티 등 인테리어가 독특하고 트렌디하다. 음료와 피자 종류가 너무 많아 고르기 어려울 수 있으니 직원에게 사진이 있는 메뉴판을 달라고 요청하자. 점심시간에는 저렴한 가격에 런치 세트 메뉴를 즐길 수도 있다.

📍 노보텔 다낭 프리미어 한 리버에서 도보 6분
🏠 9A Trần Phú
🕐 11:00-01:00
🍴 타이거 크리스털 맥주 4만 VND, Raph 피자 19만 VND
🚩 Map ❶ 다낭 시내 북쪽

오아시스 타파스 바
Oasis Tapas Bar

미케 비치 안쪽에 있는 아담한 타파스 바다. 조용한 분위기에서 한잔하며 밤 시간을 즐기기에 좋으며 안주로 곁들여 먹는 음식들이 맛도 좋고 가격도 저렴하다. 단, 타파스인 만큼 양이 많지 않으니 배를 채우려면 몇 개 주문해야 한다. 외국인이 많이 찾는 곳으로 직원들이 친절하고 영어 메뉴판에 사진이 같이 있어서 주문하기 어렵지 않다.

📍 홀리데이 비치 다낭 호텔에서 도보 5분 / 엘 스파에서 도보 1분
🏠 An Thượng 4
🕐 17:00-24:30
🍴 맥주 3~5만 VND,
   칵테일 7만 5000~10만 VND,
   시푸드 타파스 8~10만 VND
🚩 Map ❹ 미케 비치 남쪽

워터프런트 Waterfront

한 강변에 있는 레스토랑 겸 바로 분위기가 좋고
음식도 맛있어 꾸준한 인기를 누리고 있다. 1층은
가볍게 한잔하기 좋고 2층은 조용한 분위기에서
식사를 하기 좋다. 베트남 물가에 비해 가격은 좀
비싼 편이지만 음식이 고급스럽고 맛있어서 감수
할 만하다. 메뉴판에 한글도 적혀 있어 주문하기
어렵지 않다. 금요일과 토요일에는 라이브 공연이
있다.

📍 다낭 대성당에서 도보 3분
🏠 150 Bạch Đằng
🕐 09:30-23:00(해피 아워 17:30-18:30)
🍴 워터프런트 머니백(새우 덤플링 튀김) 10만
   VND, 맥주 4만 VND~
🚩 Map ❷ 다낭 시내 남쪽

레트로 키친 앤 바
Retro Kitchen and Bar

트렌디한 인테리어로 유명한 레스토랑 겸 바로 한
시장 근처에 있다. 저녁 시간에 타파스 메뉴와 함
께 와인이나 칵테일을 마시기에 좋으며 아침, 점심
메뉴가 별도로 있어 식사하러 오는 사람들도 있다.
샐러드, 파스타, 버거, 스테이크 등 단품 메뉴도 판
매하는데 스테이크는 좀 질기다는 평이 많다.

📍 한 시장에서 도보 2분
🏠 85-87 Trần Phú
🕐 주중 10:00-23:00, 주말 08:00-23:00
🍴 크리스피 타파스 플래터 19만 5000 VND,
   클래식 칵테일 9만 VND
🚩 Map ❷ 다낭 시내 남쪽

DA NANG
SHOPPING

롯데 마트 Lotte Mart

다낭 시내 남쪽에 있는 5층 규모의 대형 마트로 한국 식품은 물론 베트남 기념품을 구입하기도 좋다. 우리나라에 있는 롯데 마트와 같은 시스템으로 운영되고 안내판과 제품 설명 등이 한글로 표시되어 있어 편하게 쇼핑을 즐길 수 있다. 관광객이 가장 많이 방문하는 층은 한국 식품, 베트남 특산품 매장, 환전소 등이 있는 4층과 치약 등을 파는 생활용품 매장, 짐 보관소, 약국이 있는 3층이다. 관광객에게 인기 있는 품목을 한곳에 모아놓아 쉽게 찾을 수 있으며 커피의 경우 빅 씨보다 종류가 더 다양하다. 1층에는 롯데리아, 5층에는 롯데시네마도 있다.

📍 다낭 도심 또는 미케 비치에서 자동차로 약 10~15분
🏠 6 Nại Nam
🕐 08:00-22:00

빈컴 플라자 Vincom Plaza

쏭한교 근처 한 강 동쪽 강변에 있는 지하 1층, 지상 4층의 복합 쇼핑몰이다. 의류, 액세서리, 가구, 가전제품, 생활용품, 주방 용품 등을 모두 쇼핑할 수 있으며 슈퍼마켓인 빈마트VinMart는 2층, 어린이 놀이방 겸 직업 체험관인 빈케 VinKe는 3층, CGV 영화관과 아이스링크는 4층에 있다. 4층에는 한식 레스토랑인 GoGi House를 비롯해 다양한 레스토랑이 있어 쾌적하게 쇼핑을 즐기고 식사까지 해결할 수 있다.

📍 쏭한교 근처 동쪽 강변
🏠 910A, Ngô Quyền
🕐 09:30-22:00

빅 씨 Bic C

베트남 전역에 26개 지점이 있는 베트남 대표 하이퍼 마켓 체인 빅 씨의 다낭 지점이다. 팍슨 빈쯩 플라자Parkson Vĩnh Trung Plaza의 2층과 3층에 있는데 관광객 외에 현지인도 많이 이용한다. 쌀국수, 라면, 치약 등 베트남 식품 및 기념품은 롯데 마트보다 조금 더 저렴하며 다낭 도심에 있어 관광 중에 들르기 편하다. 입구에 짐 보관소가 있는데 1인당 최대 2시간까지만 가능하다. 길 건너편에 있는 재래시장인 꼰 시장Chợ Cồn도 가는 길에 들러봐도 좋다.

📍 다낭 대성당, 한 시장에서 도보 20분, 자동차로 5분
🏠 255-257 Hùng Vương, Vĩnh Trung
🕐 08:00-22:00

	롯데 마트 Lotte Mart	빅 씨 Big C	빈마트VinMart (빈컴 플라자 내부)
특징	규모가 가장 크며 물건 종류도 가장 다양하다. Speed L 애플리케이션으로도 주문할 수 있다.	현지인이 많이 이용하며 식료품, 생활용품이 많은 편이다.	규모가 작다보니 종류가 많지 않으나 깨끗하고 위치가 좋다.
덜 붐비는 시간	오전이 한적하며 저녁 6시 이후에는 많이 붐빈다.	오후 4시 이전에 가는 것이 좋다.	많이 붐비는 시간대는 딱히 없다.
물품 배달 서비스	15만 VND 이상 구입 시 반경 10km 이내 무료 배송을 해준다. 단, 배송 시간이 최대 12시간까지 소요될 수 있으니 유의하자.	20만 VND 이상 구입 시 10km까지 무료 배송을 해주며 배송 시간은 4~12시간 정도 걸린다.	20만 VND 이상 구입 시 반경 10km까지 무료 배송을 해주며 저녁 8시 이후에 접수한 경우 다음 날 배송된다.
짐 보관 서비스	3층과 4층 입구에 Customer Locker 가 있으며 짐 보관 시 직원이 주는 번호표를 분실하지 않도록 유의하자. 08:00-22:00	2층 마트 입구 쪽에 Locker Area가 있으며 직원이 상주한다. 08:00-22:00	마트가 있는 2층에 유인 로커가 있으며 큰 짐은 마트 왼쪽에 있는 고객 센터에서 보관해준다. 08:00-22:00

3곳 모두 짐 보관 서비스는 무료이며 돈, 고가의 귀중품 등은 보관해주지 않는다.

TIP

그 밖에 24시간 영업하는 곳

우리나라처럼 24시간 운영하는 편의점이 많지 않다. 편의점 사이즈의 빈마트는 점차 늘어나는 추세이나 보통 22:00까지 오픈한다. 하이랜드 커피 인도차이나 지점 근처의 에이 마트A-mart, 빈컴 플라자에서 도보 10분 거리에 있는 한국 마트Korea Mart 및 케이 마켓K-market 등은 한국 제품을 판매하는 24시간 편의점이다. 가격은 한국과 비슷하거나 더 비싸다.

한 시장 Han Market(Chợ Hàn)

쏭한교와 롱교 사이 한 강변에 있는 재래시장으로 현지인과 관광객 모두에게 인기가 있다. 1층에는 식품, 과일, 채소, 잡화 등을 파는 상점과 식당이 있고 2층에는 의류, 신발, 액세서리 등을 파는 상점이 있는데 관광객은 대부분 2층에서 쇼핑을 즐긴다. 한 시장의 인기 쇼핑 품목은 귀여운 프린트의 시원한 원피스나 셔츠, 베트남 전통 모자인 논Non, 라탄 제품, 맞춤 아오자이다. 맞춤 아오자이의 경우, 옷감을 고르고 치수를 잰 후 다음 날 찾는 것이 보통인데 오전에 맞추면 오후에 찾을 수 있는 상점도 있다. 재래시장이고 관광객이 많이 찾아 바가지요금이 많으므로 전체적으로 한 번 둘러본 후 가격을 흥정하고 구입하는 것이 좋다. 다낭 대성당 근처 있어 관광 중에 들러보기에도 좋다.

📍 쏭한교와 롱교 사이 강변 / 다낭 대성당에서 도보 3분
🏠 119 Trần Phú   🕐 06:00-19:00

한 시장 물가 참고 표

- 망고(kg) 4~5만 VND
- 망고스틴(kg) 6~7만 VND
- 롱안(kg) 4~5만 VND

- 아오자이 일반 30~35만 VND
  장식 35~40만 VND
  레이스 60~70만 VND

- 어린이 원피스 5~6만 VND
- 성인 짧은 원피스 7~8만 VND
- 성인 긴 원피스 8~10만 VND

- 어린이 슬리퍼 7만 VND
- 이미테이션 슬리퍼 8~10만 VND
- 라탄 슬리퍼 7~9만 VND

TIP
한 시장

- 한 시장에서 흥정은 필수며 정찰제로 파는 곳이 있다면 그 상점과 다른 상점 가격을 비교해서 구입하자.
- 한 시장 오픈 시간은 오후 7시까지이지만 6시면 문을 닫는 상점이 많으니 그 이전에 방문하는 것을 추천한다.
- 라탄 백은 한시장 내에 있는 상점보다 주변에 있는 상점이 더 저렴한 편이니 가격을 비교하고 쇼핑하도록 하자.
- 낱개 포장이 되어 있는 말린 과일을 살 때 낱개별로 잘 확인하자. 포장이 잘 되어 있는 제품을 비닐 팩에 다시 담아 하자가 있는 제품을 끼워 파는 경우도 있다.
- 제철 과일이 아닌 경우 상한 게 있을 수 있으며 입구와 가까운 상점이 안쪽에 있는 상점보다 가격이 더 비싼 편이나 흥정하기 나름이다. 망고는 크기별로 다르겠지만 3개에 1kg 정도다.

TIP
맞춤 아오자이

- 맞춤 가격에 제작비, 바지, 안감(특히 레이스나 비치는 옷감) 등이 포함된 총 가격인지 확인하자. 제작비나 바지 등이 별도라면 돈을 더 받기도 한다.
- 맞춤 아오자이를 받을 때 맞춤인지 기성복인지 꼭 확인해야 한다. 목 부분이 깨끗한지, 상표를 뗀 흔적이 있는지 등을 살피자. 맞춤인 것처럼 기성복을 판매하는 상점도 있다.
- 아오자이를 받을 때는 호텔로 배달 요청하기보다는 직접 받도록 하자. 덥더라도 현장에서 입어보고 수선할 부분이 있다면 그 자리에서 이야기하는 것이 좋다.
- 맞춤 아오자이 제작 시간은 최소 1시간이며 옷감에 따라 더 소요될 수 있다. 아오자이 맞춤이 목적이라면 시간을 넉넉히 잡고 방문하자.

다낭 수비니어 & 카페 Danang Souvenirs & Café

기념품 상점과 카페가 함께 있어 시원한 음료도 마시고 기념품도 구입할 수 있는 곳이다. 1층은 카페와 기념품 상점으로 나뉘어 있는데 가운데는 천장이 뚫려 있고 작은 정원과 야외 좌석으로 꾸며져 있다. 로프트 형식의 2층은 좀 더 아늑한 분위기라 학생들이 모여 스터디를 하기도 한다. 직접 디자인하여 판매하는 다낭 관련 기념품은 시장에서 판매하는 기념품과는 달리 포장과 디자인이 깔끔하지만 현지 물가를 고려하면 가격은 좀 비싼 편이다.

📍 노보텔 다낭 프리미어 한 리버 바로 옆
🏠 34 Bạch Đằng
🕐 07:30~22:30
@ danangsouvenirs.com

페바 초콜릿 Pheva Chocolate

독특한 맛과 고급스러운 포장으로 선물용으로 인기를 끌고 있는 베트남 초콜
릿 상점이다. 다크, 밀크, 화이트 초콜릿에 참깨 & 땅콩, 피스타치오, 시나몬, 후
추 등을 첨가해 18가지 종류의 초콜릿을 판매한다. 컬러풀한 박스에 6개(5만
VND), 12개(8만 VND), 24개(16만 VND)의 초콜릿을 골라 담을 수 있는 선물
패키지가 있으며 1가지 맛만 사고 싶다면 페바 바(3만 VND) 초콜릿을 구입하
면 되는데 피스타치오 맛이 가장 인기 있다. 아이스팩 가방도 별도로 구입할
수 있으며 미리 사면 녹을 수 있으므로 여행 막바지에 구입하는 것이 좋다.

📍 다낭 대성당과 롱교 사이 쩐푸 거리

🏠 239 Trần Phú

🕐 08:00-19:00

@ www.phevaworld.com

아리야 타라 Arya Tara

베트남의 오리지널 오가닉 헬스 케어 & 뷰티 제품을 만드는 회사로 다낭과 호
이안, 하노이에 지점이 있다. 베트남의 품질 좋은 코코넛 오일을 이용한 제품
을 만들며 다른 오일들은 해외 유수의 오가닉 제품을 수입하기도 한다. 다낭에
있는 공장에서 모든 제품을 핸드 메이드로 만들며 화학 원료 대신 100% 천연
원료만 사용해 원재료의 자연스러운 향기가 느껴진다. 코코넛, 올리브, 피마자,
아보카도, 호호바, 라벤더 등 여러 오일이 혼합된 보디 오일과 4가지 향의 내추
럴 립 밤, 노니 비누 등이 유명하다.

📍 다낭 대성당, 한 시장에서 도보 1분

🏠 141 Trần Phú

🕐 08:00-20:00

@ aryatara.vn

코메이 Cỏ May

다낭 대성당과 롱교 사이 쩐푸 거리에 있는 베트남 전통 기념품 숍이다. 입구
는 좁아 보이지만 안쪽으로 깊게 매장이 자리 잡고 있으며 베트남 라탄 가방,
도자기, 손지갑, 코스터, 전통 모자, 신발까지 다양한 제품을 판매한다. 한 시장
보다 가격은 비싼 편이지만 에어컨이 있는 실내에서 천천히 둘러보며 쇼핑할
수 있어 좋고 카드 결제도 가능하다. 50% 할인 이벤트도 수시로 진행된다.

📍 롱교에서 도보 4분, 페바 초콜릿 맞은편

🏠 240 Trần Phú

🕐 08:00-20:00

@ www.comaydn.com

DA NANG
BEST SPA & MASSAGE

퀸 스파 Queen Spa

시내와 미케 비치 사이의 조용한 주택가에 있는 스파로 규모는 작지만 시설이 깔끔하고 마사지 만족도도 높다. 뜨거운 대나무로 전신을 마사지하는 뱀부 보디 마사지가 유명하며 천연 오일, 핫스톤, 허브백 마사지 등 다른 전신 마사지와 발, 페이스 마사지도 있다. 인기가 많은 곳이라 예약은 필수이며 이메일이나 전화로 예약 가능하다. 자세한 가격 정보는 홈페이지 참고.

📍 롱교와 미케 비치 사이 팜끄르엉 거리

🏠 144 Phạm Cự Lượng

🕐 08:30-21:00   @ queenspa.vn

VND 핫스톤 전신 마사지(70분) 45만 VND, 뱀부 보디 마사지 & 천연 오일(90분) 64만 VND

엘 스파 L Spa

아담하지만 깔끔한 시설과 전문적이고 친절한 서비스를 자랑하는 스파다. 테라피스트마다 약간의 편차가 있을 수 있지만 전체적으로 마사지 실력이 좋기로 유명하다. 코코넛 오일을 사용해 부드럽게 마사지하는 아로마 테라피 마사지부터 강하고 시원한 타이 마사지까지 다양한 종류가 있으니 자신에게 맞는 것을 선택하자. 미리 예약하고 가는 것이 좋으며 카드 결제가 안 되니 현금을 미리 준비하자. 자세한 가격 정보는 홈페이지 참고.

📍 미케 비치 유명 맛집인 버거 브로스 근처   🏠 05 An Thượng 4

🕐 10:00-22:00   @ mylinhlspadanang.com

VND 아로마 테라피 마사지(60분) 38만 VND, 타이 마사지(60분) 42만 VND

아지트 Azit

한국인이 운영하며 1층에는 기념품 숍, 2층에는 카페와 한식 레스토랑, 3층에는 스파 시설이 있다. 스파 이용 고객에게는 짐 보관 서비스를 무료로 제공하며 라운지도 밤 11시까지 이용할 수 있어 귀국하는 날 늦은 시간에 비행기를 타는 여행객이 많이 이용한다. 저렴한 가격에 서비스도 좋고 네일 숍도 함께 이용할 수 있어 여성 고객들의 만족도가 높다. 다낭 여행 카페를 통해 예약하거나 카카오톡(ID : zoinsung84, azit84)으로도 예약할 수 있다. 큰 인기에 힘입어 여러 곳에 분점이 생겼다.

📍 노보텔 다낭 프리미어 한 리버 호텔에서 도보 6분   🏠 16 Phan Bội Châu   🕐 10:00-23:00

$ 아로마 보디+풋+스톤 마사지(90분) $20+팁 $3, 어린이 아로마 보디(90분) $15+팁 $3

라엘 스파 Lael Spa

한국인이 운영하는 곳으로 오픈한 지 얼마 되지 않아 시설이 매우 깨끗하고 인테리어도 예쁘다. 핫 스톤 마사지가 만족도가 높고 놀이방과 아이 돌봄 서비스가 있어 추가 요금을 내고 이용할 수 있다. 다낭 마사지 관련 네이버 카페에서 할인 이벤트를 진행하는 경우가 많으니 예약 시 미리 확인해보자. 카카오톡(ID : laelspa)으로도 예약할 수 있다. 패키지 투어 팀이 예약하는 경우가 많아 번잡스러운 때가 있다는 것에 유의하자.

📍 롱교에서 미케 비치로 가는 보반끼엣 거리 중간
🏠 Oppsite No.22 Võ Văn Kiệt
🕙 10:30-22:30
💲 핫스톤 마사지(90분) $30+팁 $4, 타이 마사지(60분) $20+팁 $3

시에스타 스파 Siesta Spa

시에스타 호텔에서 운영하는 스파로 미케 비치 근처에 있다. 1층 호텔 로비에 스파 안내 데스크가 있으며 여기서 한글로 된 설문지(마사지 강도, 오일 선택, 집중적으로 받고 싶은 부위 등)에 체크하면 해당 층으로 안내해준다. 스파는 3, 11, 12층에 있고 다른 층은 객실 및 레스토랑으로 사용된다. 머리부터 발끝까지 꼼꼼하고 세심하게 마사지해주며 예약은 카카오톡(ID : siestaspa)으로 하면 편리하다. 구글 지도에서는 Siesta Hotel & Spa로 검색하면 된다.

📍 엘 스파에서 도보 3분
🏠 Lô 02+03 Trần Bạch Đằng
🕙 10:30-22:30
VND 아로마 보디 마사지 60분 41만 4000 VND, 90분 52만 9000 VND

허벌 스파 Herbal Spa

베트남 현지인이 운영하는 곳으로 미케 비치와 빈컴 플라자 사이에 1, 2, 3호점이 모여 있다. 2, 3호점은 1호점과 달리 럭셔리가 붙지만 같은 곳이니 헷갈리지 말자. 시설은 깔끔하며 한글로 된 스파 메뉴가 있어 쉽게 선택할 수 있다. 가장 대표적인 것이 이름처럼 허벌 스파로 코코넛 오일, 핫스톤, 허브 볼을 이용한 마사지다. 카카오톡(ID: herbalspa102)으로도 예약할 수 있으며 아이디다.

📍 소피아 레스토랑에서 도보 10분
🏠 102 Dương Đình Nghệ
🕙 09:00-22:30
@ herbalspa.vn
VND 허벌 전신 마사지 60분 45만 VND, 90분 60만 VND

⭐⭐⭐⭐⭐⭐
다낭 추천 호텔

· 다낭 시내 ·

노보텔 다낭 프리미어 한 리버
Novotel Danang Premier Han River ★★★★★

마천루가 많지 않은 다낭 시내에서 단연 눈에 띄는 37층의 호텔 건물은 시청과 나란히 등대 역할을 하고 있다. 멋진 한 강 야경을 배경으로 호텔 꼭대기 층에 자리한 Sky 36에서 화려한 밤 문화를 즐기고 싶다면 흡족한 선택이 될 수 있다. 객실과 욕실 사이는 유리 벽으로 되어 있으나 블라인드를 치면 되니 당황하지 말자. 프리미어 빌리지 리조트 수영장을 이용할 수 있는 노보텔 비치 패스를 제공하며 무료 셔틀도 운행한다.

🏠 36 Bạch Đằng
☎ +84 236 3929 999
@ www.novotel-danang-premier.com
$ 슈페리어 더블(킹) $160, 이그제큐티브 더블(킹) $207, 2베드 아파트먼트 $377
🏊 4층 야외 수영장, 풀 바, 스파, 피트니스 센터, 호이안 유료 셔틀(어른 15만 VND, 어린이 7만 5000 VND, 하루 3~4회 운행)

그랜드 머큐어 다낭
Grand Mercure Danang ★★★★★

아코르 호텔 브랜드 중 하나인 그랜드 머큐어 체인으로 '그린 아일랜드'로 불리는 작은 섬에 있어 아름다운 야경을 볼 수 있다. 높은 천장의 세련된 로비가 돋보이며 하루 6차례 정도 주요 관광지로 가는 무료 셔틀버스를 운행한다. 객실이 큰 편이 아니어서 가족 여행보다는 비즈니스나 자유 여행에 더 적합하고 272개 객실 중 3분의 2만 금연실이니 체크인 시 확인하는 것이 좋다.

🏠 Lot A1 Zone of the Villas of Green Island
☎ +84 236 3797 777
@ www.grandmercure.com/GRAND-MERCURE-DANANG
$ 슈페리어 킹 $140, 디럭스 킹 $170
🏊 야외 수영장, 피트니스 센터, 프리빌리지 라운지

힐튼 다낭
Hilton Da Nang ★★★★★

2018년 12월에 오픈한 호텔로 28층 높이의 건물에 모던한 객실을 갖추고 있다. 한강교와 인접한 박당 거리에 있으며 한 시장까지 도보 10분이면 닿는다. 28층에 있는 더 세일The Sail은 저녁에만 오픈하는 레스토랑 겸 바로 다낭의 야경을 감상하기에 좋다. 수영장 규모가 작은 것과 유명한 골든 파인 펍이 바로 옆에 있어 밤에 시끄러울 수 있다는 점은 기억하자.

🏠 50 Bạch Đằng
☎ +84 236 387 4000
@ www.hilton.com
$ 킹 더블 리버 뷰 $104, 킹 더블 오션 뷰 $115
🏊 수영장, 피트니스 센터, 바, 레스토랑, 비즈니스 센터

빈펄 콘도텔 리버프런트 다낭
Vinpearl Condotel Riverfront Da Nang ★★★★★

빈컴 플라자 쇼핑몰 바로 옆에 우뚝 솟은 37층의 콘도텔로 실내외 수영장이 있어 도심 속 휴식을 즐기기에 적합하다. 노보텔 다낭 프리미어 한 리버의 루프톱 바보다 한층 더 높은 빈펄의 루프톱 바에서 칵테일을 마시며 여흥을 느껴도 좋다. 간이 주방은 갖추어져 있지만 커트러리가 없는 점은 참고하자.

🏠 341 Đường Trần Hưng Đạo
☎ +84 236 3642 888
@ www.vinpearl.com/condotel-riverfront-da-nang
$ 스튜디오 킹 베드 $117, 이그제큐티브 스위트 $146
🏊 실내외 수영장, 짐, 스파, 바, 레스토랑, 미팅룸, 키즈 클럽

반다 호텔

Vanda Hotel ★★★★

관광, 맛집, 쇼핑의 세 마리 토끼를 잡을 수 있는 다낭 시내 중심, 롱교가 보이는 곳에 자리한 호텔로 효율적인 여행을 하기에 좋다. 참 조각 박물관은 도보 2분, 다낭 대성당은 10분이면 닿을 수 있다. 객실은 테라스가 없이 통유리로 되어 있어 리버 뷰를 선택하면 롱교와 한 강의 야경을 만끽하며 하루를 마무리하기에 그만이다. 꼭대기 층의 톱 뷰 바, 그 아래층의 반다 스파와 4층에 있는 실내 원형 수영장도 꼭 들러보자.

🏠 3 Nguyễn Văn Linh, Phước Ninh
☎ +84 236 3525 969
@ www.vandahotel.vn
$ 슈페리어 더블 $81, 디럭스 더블 리버 뷰 $88, 패밀리 주니어 스위트 $188
🏊 스파, 피트니스 센터, 실내 수영장

브릴리언트 호텔

Brilliant Hotel ★★★★

다낭에 오면 누구라도 한 번쯤 지나는 박당 거리에 자리한 호텔로 롱교와 한강교 중간이라는 위치 덕에 화려한 야경은 덤으로 주어진다. 다낭 대성당, 한 시장, 대표적인 맛집이나 카페들이 지척에 있어 관광을 목적으로 한다면 최우선 순위에 두어도 좋다. 자정까지 오픈하는 브릴리언트 루프톱 바는 새벽 출국자들에게 여행의 아쉬움을 달래준다.

🏠 162 Bạch Đằng ☎ +84 236 3222 999
@ www.brillianthotel.vn
$ 스탠더드 더블 $91, 디럭스 더블 $100, 슈페리어 리버 뷰 $103
🏊 루프톱 바, 라운지, 스파, 실내 수영장

그랜드브리오 시티 다낭

Grandvrio City Danang ★★★★

새벽에 도착하거나 마지막 날 반나절 관광만 하고 출국할 때 가성비를 최우선으로 꼽는다면 이곳만 한 곳이 없다. TV에 우리나라 공중파 채널이 있어 만족도가 높으며 무엇보다 피로를 풀기에 좋은 일본식 대욕장과 사우나가 있다는 것이 최고의 강점이다. 단, 단체 관광객이 많이 찾는 곳이라 경우에 따라 어수선할 수 있다. 하루 3차례 공항과 호텔 간 셔틀도 운행한다.

🏠 1 Đống Đa, Thạch Thang ☎ +84 236 3833 300
@ www.grandvriocitydanang.com
$ 스탠더드 $58, 슈페리어 $64, 디럭스 $80, 프리미어 디럭스 $88
🏊 대욕장, 사우나, 규모가 작은 야외 수영장, 피트니스 센터, 스파

시타딘 블루 코브 다낭 Citadines
Blue Cove Danang ★★★★

취사가 가능한 레지던스형 호텔로 이곳에서 가장 유명한 것은 24K 골드로 장식된 넓은 루프톱 수영장이다. 바로 옆 골든 베이 호텔과 수영장을 공유하고 있어 시타딘에서 수영장으로 가려면 루프톱 라운지를 지나야 한다. 최대 7인까지 숙박 가능한 3베드룸이 있어 가족 여행이나 친목 여행에도 적합하다. 위치가 중심에서 살짝 동떨어져 있지만 호캉스를 즐기기 좋다.

🏠 Số 1 Lê Văn Duyệt

☎ +84 236 3878 888　　@ www.citadines.com

$ 스튜디오 디럭스 $68, 2베드 디럭스 $113, 3베드 디럭스 $151

🏹 루프톱 수영장, 스파, 피트니스 센터, 케이 마켓(24시간), 바, 레스토랑, 레지던스 라운지, 키즈 풀, 무료 셔틀

사노우바 다낭 호텔
Sanouva Danang Hotel ★★★

첫날 공항에 늦게 도착해 경제적이면서도 깔끔한 3성급 호텔을 찾는다면 모자람 없는 숙소다. 다낭 대성당 두 블록 뒤에 있으며 주변에 로컬 식당, 카페도 많다. 몇 개의 호텔 예약 사이트에서 저렴한 가격에 30분 무료 마사지를 포함하여 판매해 비교해보는 것이 좋다. 원하는 시간에 마사지를 받고 싶다면 미리 sspa@sanouvadanang.com으로 성명, 날짜, 시간을 보내 확답을 받도록 하자.

🏠 68 Phan Châu Trinh　　☎ +84 236 382 3468

@ www.sanouvadanang.com

$ 디럭스 더블 $68, 디럭스 트리플 $73, 시그니처 스위트 $88

🏹 스파(마사지), 레스토랑, 피트니스 센터

아보라 호텔 다낭
AVORA Hotel Danang ★★★

적은 예산으로 높은 만족감을 주는 아담한 규모의 호텔로 33개 객실은 금세 예약이 차곤 한다. 한 강 뷰가 아닌 28m²의 슈페리어, 디럭스 객실과 40~45m²의 한 강을 조망할 수 있는 그랜드 스위트, 아보라 스위트가 있으니 각자 맞게 선택하면 된다. 조식은 가짓수가 다채롭지 않지만 알찬 편이며 10층의 스카이 바에서는 한 강과 롱교가 한눈에 보인다.

🏠 170 Bạch Đằng　　☎ +84 236 3977 777

@ www.avorahotel.com　　$ 슈페리어 $38, 디럭스 $42, 스위트 $65

🏹 스카이 바, 레스토랑, 무료 Wi-Fi 제공

발 솔레일 호텔
Val Soleil Hotel ★★★

가성비 좋은 3성급 호텔을 찾는다면 발 솔레일 호텔도 후보에 올려보자. 다낭 대성당, 참 조각 박물관은 물론 피자 포 피스, 리몬첼로, 콩 카페, 하이랜드 커피 등 맛집도 도보권에 있다. 16층에 있는 수영장과 풀사이드 바에서 보는 용교와 다낭 시내 야경도 빼놓을 수 없다.

🏠 186 Đường Trần Phú　　☎ +84 236 6294 888

$ 더블 시티 뷰 $55, 스위트 한 강 뷰 $110

🏹 루프톱 수영장, 짐, 스파, 레스토랑

풀만 다낭 비치 리조트

Pullman Danang Beach Resort ★★★★★

풀만 다낭 비치 리조트는 프리미어 빌리지, 푸라마 리조트와 더불어 다낭 중심지에서 멀지 않아 관광하기에 좋다. 로비에 들어서면 높은 천장과 넓은 공간이 시원함을 더해주고 로비 바에서 보이는 전망은 비치로 달려가고 싶게 만든다. 수영장 앞 전용 비치에는 비치 라운지, 어린이 놀이터 등이 있어 여유로운 시간을 만끽하기 좋다. 또한 다양한 액티비티가 마련되어 있고 물놀이 기구도 무료로 대여해준다.

🏠 101 Võ Nguyên Giáp
☎ +84 236 395 8888
@ www.pullman-danang.com
$ 슈페리어 $238, 디럭스 $263, 주니어 스위트 $263
🏊 전용 비치, 비치 라운지, 수영장, 스파(사우나, 스팀 룸, 플런지 풀, 마사지), 해양 스포츠 클럽, 쿠킹 클래스, 키즈 클럽, 공항 유료 셔틀(어른 편도 7만 VND, 6~11세 3만 5000 VND, 하루 14회 운행), 호이안 유료 셔틀(어른 편도 8만 VND, 6~11세 4만 VND, 하루 2회 운행)

프리미어 빌리지 다낭 리조트 - 매니지드 바이 아코르 호텔즈

Premier Village Danang Resort - Managed by Accorhotels ★★★★★

글로벌 호텔 그룹인 아코르에서 관리하는 리조트로 객실이 모두 프라이빗한 휴가를 즐길 수 있는 풀 빌라다. 빌라 대부분이 3~4베드룸이라 4~9인 여행에 적합하며 BBQ 도구 대여 서비스도 제공한다. 111개의 빌라가 레스토랑, 수영장, 키즈 클럽 등 각종 부대시설과 어우러져 하나의 작은 마을처럼 형성되어 있어 버기카로 이동해야 한다. 매번 버기카 이용이 번거롭다면 무료 자전거를 이용해도 된다.

🏠 99 Võ Nguyên Giáp   ☎ +84 236 3919 999
@ premier-village-danang.com
$ 가든 뷰 빌라 3베드룸 $655, 가든 뷰 빌라 4베드룸 $725, 오션 빌라 4베드룸 $825
🏊 전용 비치, 레스토랑, 키즈 클럽, 수영장, 스파, 사우나, 자쿠지, 무료 자전거 대여, 미니 마켓, 버기카, 다낭 시내 무료 셔틀, 호이안 유료 셔틀버스(하루 4회 운행, 왕복 15만 VND)

푸라마 리조트 다낭

Furama Resort Danang ★★★★★

다낭에서 제일 처음 문을 연 5성 리조트로 꾸준한 리노베이션을 통해 여전히 그 명성을 유지하고 있다. 모든 객실에 발코니가 있으며 40㎡의 일반 객실부터 3베드룸 풀 빌라까지 다양해 연인, 친구, 가족 누구와 머물러도 필요에 맞게 고를 수 있다. 비치를 향해 있는 인피니티 풀과 울창한 나무들로 둘러싸여 있는 라군 풀은 이국적인 풍경 속에서 여유를 누리기에 그만이다.

🏠 105 Võ Nguyên Giáp   ☎ +84 236 3847 333
@ www.furamavietnam.com
$ 가든 슈페리어 $192, 오션 디럭스 $228, 패밀리 룸 $640, 2베드룸 풀 빌라 $756, 3베드룸 풀 빌라 $840
🏊 전용 비치, 인피니티 풀, 라군 풀, 스파, 키즈 클럽, 레스토랑, 라운지, 오션 테라스 바, 라군 바, 무료 Wi-Fi 제공, 호이안 무료 셔틀

TMS 호텔 다낭 비치
TMS Hotel Da Nang Beach ★★★★★

다낭의 유명 해변인 미케 비치를 바라보고 2018년에 문을 연 호텔이다. 25층에 있는 인피니티 풀은 탁 트인 바다를 바라보며 망중한을 즐기기에 더없이 좋으며 일반 스위트 및 간이 주방이 있는 투 베드 패밀리 스위트가 있어 가족 여행에도 적합하다. 모던한 객실은 시티 뷰와 오션 뷰로 나뉘니 취향대로 선택하면 된다.

🏠 292 Võ Nguyên Giáp
☎ +84 236 3755 999
@ tmshotel.vn
$ 프리미어 스위트 더블 시티 뷰 $107, 패밀리 스위트 오션 뷰 $221
🏹 루프톱 수영장, 피트니스 센터, 스파, 레스토랑, 키즈 클럽, 부티크 숍

로열 로터스 호텔 다낭
Royal Lotus Hotel Danang ★★★★

미케 비치에서 도보 7분 거리에 있으며 누구든지 무난하게 머물 수 있는 곳이다. 가장 눈에 띄는 장점은 다시 오고 싶은 마음이 들 정도로 친절한 직원들과 일반 4성 호텔에 비해 가짓수가 많은 조식이다. 살짝 아쉬운 점은 비치 안쪽에 자리하고 있어 오션 뷰 객실이라고 해도 바로 앞에 바다가 펼쳐지는 탁 트인 전망이 아니라는 것이다.

🏠 120A Nguyễn Văn Thoại
☎ +84 236 6261 999
@ royallotushoteldanang.com
$ 클래식 $75, 프리미엄 $85, 디럭스 오션 뷰 $100, 스위트 오션 뷰 $200
🏹 풀 바, 스카이 바, 베이커리 숍, 수영장, 스파, 키즈 클럽, 가라오케

벨 메종 파로산드 다낭
Belle Maison Parosand Danang ★★★★

2017년 여름에 문을 연 호텔로 크게 디럭스, 패밀리, 레지던스로 나뉘는 객실은 화이트 침구를 기본으로 편안한 느낌이다. 패밀리 룸에 있는 벙커 침대는 매트리스가 딱딱한 편이고 바다 전망이 아닌 객실은 자칫 답답할 수 있으니 예약 시 고려해야 한다. 아담한 루프톱 수영장과 그 위에 자리한 Sky 21 바는 시원한 전경을 벗삼아 재충전하기에 알맞다.

🏠 216 Võ Nguyên Giáp
☎ +84 236 392 86 88
@ bellemaisonparosand.com
$ 디럭스 $139, 패밀리 스위트 $196, 레지던스 $254
🏹 인피니티 풀, 스파, 키즈 클럽

알라 카르트 다낭 비치
A La Carte Danang Beach ★★★★

관광과 휴양 모두를 즐기기에 합리적인 모던한 4성 호텔로 미케 비치와 다낭 시내가 한눈에 내려다보이는 트렌디한 루프톱 바는 관광지만큼 인기가 높다. 모든 객실에 간이 부엌이 있으며 기본 객실도 44㎡로 넓은 편이다. 최대 6인까지 숙박 가능한 객실은 물론 놀이 시설도 잘 갖추어져 있어 가족 단위 고객이 많이 찾는다. 호텔 전용 비치가 없어 아쉽지만 가까이에 팜반동 비치나 미케 비치가 있어 괜찮다.

🏠 200 Võ Nguyên Giáp

☎ +84 236 3959 555 @ www.alacartedanangbeach.com

💲 Light Studio $114, Light Plus Ocean View Balcony $142, Delight Ocean View Suite $156, Highlight Executive 2Bedrooms $219

🗡 루프톱 바, 레스토랑, 와인 룸, 인피니티 풀, 기프트 숍, 스파, 유료 셔틀버스(1인 기준) 호이안(매일 5회, 편도 14만 5000 VND, 왕복 25만 VND) / 오행산(매일 2회, 6만 5000 VND) / 바나 힐(매일 1회, 15만 VND) / 다낭 시내 한 시장(매일 1회, 5만 5000 VND) / 다낭 공항(매일 14회, 5만 5000 VND)

하빈 부티크 다낭
Havin Boutique Danang ★★★★

2018년 오픈한 호텔 중 하나로 미케 비치까지 도보 3분이면 닿는다. 신상 호텔임에도 불구하고 가격이 착한 편이라서 부담이 덜하다. 기본 객실인 슈페리어 더블부터 4인까지 숙박할 수 있는 이그제큐티브 스위트까지 다양한 카테고리의 객실을 보유하고 있다. 미케 비치와 가까운 가성비 좋은 깔끔한 호텔을 찾는다면 나쁘지 않은 선택이다.

🏠 07 Đỗ Bá

☎ +84 236 3683 333

@ havinboutiquedanang.com

💲 슈페리어 더블 $50, 디럭스 더블 시 뷰 $55, 디럭스 트리플 시 뷰 $72

🗡 루프톱 수영장, 피트니스 센터, 인-룸 스파, 미팅 룸, 스카이 바, 레스토랑

모나크 호텔
Monarque Hotel ★★★★

미케 해변을 따라 늘어선 호텔 중 하나로 2017년에 문을 열었다. 새로운 호텔이 생겨나고 있지만 여전히 인기를 끌고 있는 가심비 좋은 숙소 중 하나다. 앙증맞은 수영장이 있는 12층에서는 오후 3시~5시까지 무료 애프터눈 티를 제공해 고객의 만족도가 높다.

🏠 238 Võ Nguyên Giáp

☎ +84 236 3588 888

💲 디럭스 더블 $50, 로열 패밀리(3인실) $93, 킹룸 시 뷰 $140

🗡 수영장, 스파, 피트니스 센터

존 부티크 빌라
John Boutique Villa ★★★★

미케 비치와 인접한 곳에 있는 아담한 사이즈의 빌라로 간단한 취사가 가능하다. 뷔페식의 조식을 선호한다면 이곳이 맞지 않을 수 있지만 메인 메뉴가 맛있는 편이다. 서양과 베트남 요리 중 원하는 것을 고르면 바로 요리해주며 과일, 디저트, 빵, 주스 등은 자유롭게 갖다 먹을 수 있다. 체크인할 때 무료 족욕 서비스(18:00~22:00) 이용 여부를 확인하며 원하는 시간에 이용하면 된다.

🏠 64 Lê Mạnh Trinh

☎ +84 236 553663

💲 스탠더드 스튜디오 $40, 스위트 스튜디오 $60, 패밀리 스튜디오 $70

🗡 수영장, 사우나, 안마 의자, 무료 족욕 서비스, 무료 자전거 대여

센 부티크 호텔
SEN Boutique Hotel ★★★

낮은 예산으로 미케 비치가 도보권에 자리한 깔끔한 호텔을 찾는다면 센 부티크 호텔이 정답이다. 부티크 호텔인 만큼 규모와 객실 크기는 작으며 20㎡인 스탠더드 룸이 시푸드 레스토랑의 타이거 새우 1kg 가격과 비슷하다. 총 24개 객실이 있으며 조식은 기본적인 뷔페식에 메인 메뉴를 하나 고를 수 있다. 친절한 직원들 덕분에 기분이 좋아지는 곳이다.

- 🏠 53-55, An Thượng 26
- ☎ +84 93 1920 920
- @ www.senhoteldanang.com
- $ 스탠더드 $31, 디럭스 $42, 아파트먼트 $60, 펜트하우스 $145
- 🥢 레스토랑

아다모 호텔
Adamo Hotel ★★★

미케 비치의 낭만과 가성비 좋은 호텔의 만남이라고 할 수 있는 이곳은 풀 빌라나 리조트가 부담스러운 여행객에게 제격이다. 슈페리어부터 아파트먼트까지 7개 카테고리로 나뉜 객실은 아다모 객실부터 큰 창이 있어 가격과 전망 중에 고민하게 만든다. 꼭대기 층인 18층에는 바가 있으며 17층의 루프톱 수영장과 카페는 망중한을 즐기기에 좋다.

- 🏠 Lô 07-D1 Võ Nguyên Giáp
- ☎ +84 236 6269 888
- @ adamohotel.com.vn
- $ 슈페리어 $85, 디럭스 $93, 슈페리어 트리플 $102, 아다모 더블 $119, 아파트먼트 $205
- 🥢 풀 바 & 카페, 짐, 루프톱 바, 루프톱 수영장, 스파, 기념품 숍

소피아 부티크 호텔 다낭
Sofia Boutique Hotel Da Nang ★★★

2015년에 오픈한 부티크 호텔로 입구 앞에 놓인 야외 테이블과 커다란 나무가 운치를 더해준다. 27개의 깔끔한 객실은 디럭스 더블, 디럭스 트윈, 패밀리 룸으로 나뉘며 규모가 작지만 호텔에서 운영하는 레스토랑은 평이 좋아 식사만 하러 오는 손님도 많은 편이다. 조식은 가짓수가 다양하지 않지만 쌀국수, 오믈렛 등을 요청하여 먹을 수 있어 나쁘지 않다. 엘리베이터는 없으니 참고하자.

- 🏠 Lot I-11 Phạm Văn Đồng
- ☎ +84 236 3941 669
- @ sofiahoteldanang.com
- $ 디럭스 $36, 패밀리 룸 $60
- 🥢 레스토랑

퓨전 마이아 다낭
Fusion Maia Da Nang ★★★★★

일상에서 완전히 벗어나 평화로운 휴식을 만끽할
수 있는 아시아 최초 올 인클루시브 스파 리조트
로 대나무가 빽빽하게 줄지어 있는 입구부터 남다
르다. 모든 객실은 풀 빌라로 프라이빗 풀이 딸려
있으며 언제 어디서나 즐길 수 있는 조식은 여유
로움을 더해준다. 무엇보다 하루 2번 받을 수 있는
무료 마사지와 바다를 향해 나 있는 메인 수영장
은 휴양의 새로운 의미를 찾게 만든다.

🏠 Võ Nguyên Giáp
☎ +84 236 3967 999
@ maiadanang.fusion-resorts.com
$ 풀 빌라(1 bed) $546, 스파 빌라(2 beds)
   $1019, 그랜드 비치 빌라(3 beds) $1530
🏹 전용 비치, 수영장, 스파 & 웰니스, 미니 마이
   아(키즈 룸, 14:00-16:00), 마이아 시네마, 부
   티크, 피트니스 센터, 버기카, 호이안 무료 셔
   틀(하루 3회, 호이안 퓨전 카페에 정차)

퓨전 스위트 다낭 비치
Fusion Suites Danang Beach ★★★★★

퓨전 그룹의 비치프런트 리조트로 취사 시설이 구
비된 레지던스형 숙소이면서 퓨전 마이아 리조트
보다 경제적이기에 풀 빌라를 고집하지 않는다면
탁월한 선택이다. 루프톱 라운지, 45분의 무료 발
마사지, 요가 수업 등 고객을 배려한 서비스가 돋
보이며 2층 침대가 있는 스위트는 편리하다. 조식
은 객실, 수영장 바 등 원하는 곳으로도 가져다준
다. 비치와 맞닿아 있는 수영장은 4차선 도로를 사
이에 두고 리조트 건물과 떨어져 있어 이용하기에
살짝 번거롭다.

🏠 Võ Nguyên Giáp
☎ +84 236 3919 777
@ fusionsuitesdanangbeach.com
$ 시크 스튜디오 $213, 오션 스위트 $198, 퓨
   전 스위트 $243
🏹 루프톱 라운지, 수영장, 풀 & 비치 바, 스파
   & 웰니스, 요가 스튜디오, 부티크 숍, 호이안
   유료 셔틀(어른 편도 10만 VND, 왕복 15만
   VND, 16세 미만은 50% 할인, 2~3회 운행)

하얏트 리젠시 다낭 리조트 & 스파
Hyatt Regency Danang Resort & Spa ★★★★★

세련되고 모던한 디자인을 자랑하는 리조트로 650m에 이르는 전용 비치와 다양한 부대시설은 모두가 원하는 편안한 휴식을 제공한다. 일반 호텔 객실부터 레지던스, 빌라가 넓은 부지에 흩어져 있어 로비, 수영장, 레스토랑 등으로 이동 시 버기카 서비스를 요청하거나 천천히 산책하듯 다녀야 한다. 5개의 수영장, 다채로운 다이닝 공간은 물론 액티비티 프로그램도 잘 되어 있어 가족 여행객이 많이 찾는다.

🏠 5 Trường Sa ☎ +84 236 398 1234

@ danang.regency.hyatt.com/en/hotel/home.html

💲 스탠더드 $200, 오션 뷰 $256, 클럽 오션 뷰 $309, 1베드 레지던스 $326, 2베드 레지던스 $450

🏊 전용 비치, 수영장, 캠프 하얏트(3~12세, 11만 VND), 피트니스 센터(에어로빅 룸, 플런지 풀, 스팀 룸, 사우나 등), 스파, 버기카, 호이안 유료 셔틀(어른 편도 8만 VND, 하루 3회 운행)

빈펄 럭셔리 다낭
Vinpearl Luxury Da Nang
★★★★★

베트남을 대표하는 빈 그룹에서 운영하는 리조트 중 하나로 논느억 비치에 자리하고 있다. 약 1.5km 거리에 빈펄 오션 리조트도 있으니 헷갈리지 말자. 전통적인 요소가 곁들여진 객실은 디럭스 룸부터 스위트, 3베드 풀 빌라, 4베드 풀 빌라에 이르기까지 다양해 커플은 물론 가족 단위 여행객에게도 꾸준한 인기몰이 중이다. 가족 여행인 경우 풀 보드로 예약해 온전히 리조트에서 시간을 보내는 경우가 많다.

🏠 7 Trường Sa ☎ +84 236 396 8888 @ www.vinpearl.com/luxury-da-nang/en/trang-chu

💲 디럭스 $281, 디럭스 오션 뷰 $337, 파노라믹 뷰 $366, 3베드룸 풀빌라 $845

🏊 전용 비치, 키즈 클럽, 스파(자쿠지, 사우나, 마사지 룸), 수영장, 호이안 유료 셔틀(어른 10만 VND, 하루 6회 운행)

쉐라톤 그랜드 다낭 리조트
Sheraton Grand Danang Resort ★★★★★

쉐라톤 리조트가 2018년 1월 논느억 비치에 문을 열었다. 약 11만 m²에 이르는 부지에 호텔, 빌라, 레스토랑, 비치 클럽, 키즈 클럽, 수영장, 스파, 피트니스 센터 등을 알차게 넣어 쉐라톤 특유의 분위기와 웅장함을 그대로 담아냈다. 전 객실 모두 금연이며 적발 시 500만 VND의 벌금이 부과되니 주의하자. 이곳의 하이라이트는 호텔 존과 빌라 존을 가르며 길게 자리한 엄청난 규모의 수영장으로 비치와 맞닿은 곳은 반달 모양의 인피니티 풀로 되어 있다.

🏠 35 Trường Sa

☎ +84 236 3988 999

@ www.sheratongranddanang.com

💲 디럭스 풀 뷰 $348, 디럭스 시 뷰 $393, 가든 뷰 스위트 $545, 디럭스 스위트 $649

⚒ 전용 비치, 수영장, 키즈 클럽, 피트니스 센터, 스파, 매니큐어 & 페디큐어 룸, 헤어 살롱

멜리아 다낭 리조트
Melia Danang Resort ★★★★

논느억 비치 중심에 자리한 부담 없는 휴양 리조트로 오행산은 1km거리에 있다. 바다를 바라보며 편안히 쉴 수 있는 메인 수영장의 선베드는 경쟁이 치열하며 바로 옆에 키즈 풀이 마련되어 있다. 좀 더 프라이빗한 휴식과 추가 혜택을 받고 싶다면 일반 객실이 있는 메인 빌딩과 따로 떨어져 있는 데다가 발코니는 물론 전용 수영장 및 라운지 등이 있는 레벨 룸을 예약하자.

🏠 19 Trường Sa

☎ +84 236 3929 888

@ www.melia.com/ko/hotels/vietnam/danang/melia-danang

💲 멜리아 룸 $158, 디럭스 $172, 프리미엄 $187, 레벨 룸 $267, 패밀리 룸 $272

⚒ 전용 비치, 비치 클럽, 수영장, 풀 바, 스파, 키즈 클럽, 공항 유료 셔틀(어른 편도 9만 VND, 어린이 50%), 호이안 유료 셔틀(어른 편도 8만 VND, 어린이 50%)

나만 리트리트 Naman Retreat ★★★★★

환경친화적 건축가로 유명한 보 트롱 니아(Vo Trong Nghia)가 3만 ㎡에 이르는 부지에 대나무, 자연석, 나무들로 진정한 '쉼'이 무엇인지 담아낸 리조트다. 일반 객실인 바빌론 룸을 포함해 2베드룸, 3베드룸 등 다양한 타입의 빌라가 있으며 럭셔리함의 진수인 3베드룸 비치프런트 빌라는 900㎡로 전용 인피니티 풀이 딸려 있다.

🏠 Trường Sa ☎ +84 236 3959 888 @ www.namanretreat.com/en/retreat

$ 바빌론 $286, 1베드 가든 레지던스 $364, 1베드 풀 빌라 $431, 2베드 풀 빌라 $650, 3베드 풀 빌라 $1051

🏊 전용 비치, 수영장, 사우나, 스파, 자전거 대여 서비스, 기프트 숍, 키즈 클럽, 버기카, 다낭 무료 셔틀(하루 1회 운행), 호이안 무료 셔틀(하루 2회 운행)

인터컨티넨탈 다낭 선 페닌슐라 리조트

InterContinental Danang Sun Peninsula Resort ★★★★★

선짜 반도의 원시림에 둘러싸여 은밀한 호사를 누릴 수 있는 특별한 리조트로 세계적 건축가 빌 벤슬리가 설계한 톡톡 튀는 호텔 중에서도 베스트로 꼽히며 베트남의 전통미와 현대건축의 미가 어우러져 만들어낸 모든 공간이 기대감을 한층 높인다. 높낮이가 다른 지형에 따라 천국, 하늘, 땅, 바다로 나눠 설계된 리조트는 전통 배 모양의 남 트램Nam Tram으로 연결되어 있어 천국과 바다 사이를 오가는 소소한 재미도 더한다. 미슐랭 스타 셰프인 피에르 가르니에가 책임지고 있는 라 메종 1888La Maison 1888 레스토랑, 해발 100m 높이에 떠 있는 듯한 야외 좌석으로 유명한 시트론 레스토랑Citron Restaurant, 가볍게 샴페인 한잔을 마시기에 좋은 버팔로 바Buffalo Bar 등 다양한 다이닝 공간이 만족도를 높여준다.

🏠 Thọ Quang, Sơn Trà

☎ +84 236 393 8888

@ www.danang.intercontinental.com

💲 킹 리조트 클래식 오션 뷰 $555, 킹 클래식 테라스 스위트 오션 뷰 $628, 킹 클럽 오션 뷰 $937, 1베드룸 스파 라군 빌라 $1259, 2베드룸 로열 레지던스 $3484

🏊 전용 비치, 수영장, 키즈 클럽, 스파 & 웰니스, 스포츠 센터, 가라오케 라운지, 트레킹 트립, 트램, 버기카, 선 페닌슐라 공항 라운지, 다낭과 호이안 무료 셔틀(하루 2회 운행)

다낭 호텔 & 리조트

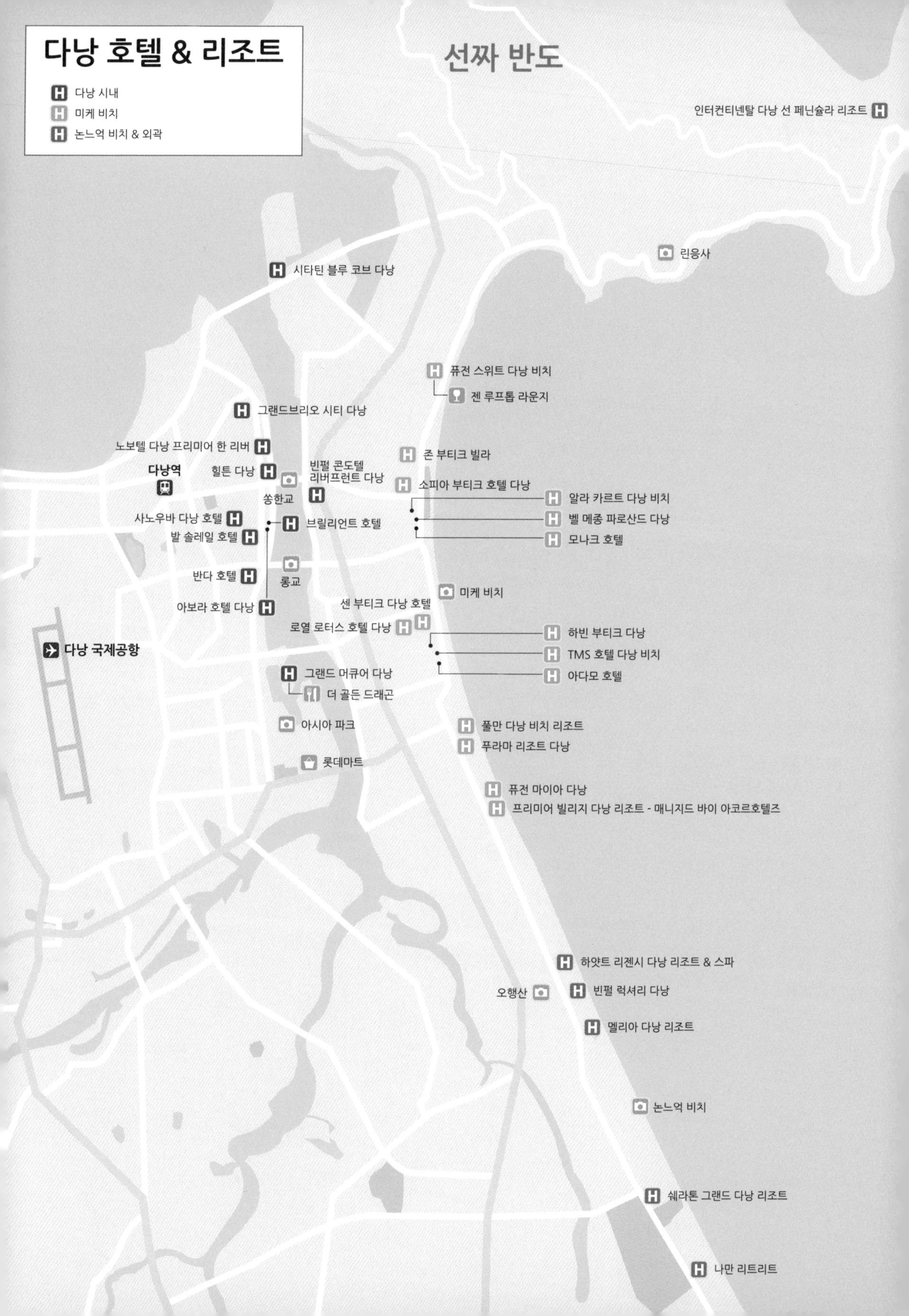

H 다낭 시내
H 미케 비치
H 논느억 비치 & 외곽

선짜 반도

인터컨티넨탈 다낭 선 페닌슐라 리조트 H

📷 린응사

H 시타틴 블루 코브 다낭

퓨전 스위트 다낭 비치 H
└ 🍴 젠 루프톱 라운지

H 그랜드브리오 시티 다낭

노보텔 다낭 프리미어 한 리버 H

H 존 부티크 빌라

다낭역 🚉 힐튼 다낭 H
빈펄 콘도텔 H 소피아 부티크 호텔 다낭
📷 리버프런트 다낭

쏭한교 H 알라 카르트 다낭 비치
사노우바 다낭 호텔 H 🚉 H 브릴리언트 호텔 H 벨 메콩 파로산드 다낭
발 솔레일 호텔 H H 모나크 호텔

반다 호텔 H 📷 롱교
아보라 호텔 다낭 H 센 부티크 다낭 호텔 📷 미케 비치
로열 로터스 호텔 다낭 H H H 하빈 부티크 다낭
✈ 다낭 국제공항 H TMS 호텔 다낭 비치
H 아다모 호텔

H 그랜드 머큐어 다낭
└ 🍴 더 골든 드래곤

📷 아시아 파크 H 풀만 다낭 비치 리조트
H 푸라마 리조트 다낭

🛒 롯데마트
H 퓨전 마이아 다낭
H 프리미어 빌리지 다낭 리조트 - 매니지드 바이 아코르호텔즈

H 하얏트 리젠시 다낭 리조트 & 스파
오행산 📷 H 빈펄 럭셔리 다낭

H 멜리아 다낭 리조트

📷 논느억 비치

H 쉐라톤 그랜드 다낭 리조트

H 나만 리트리트

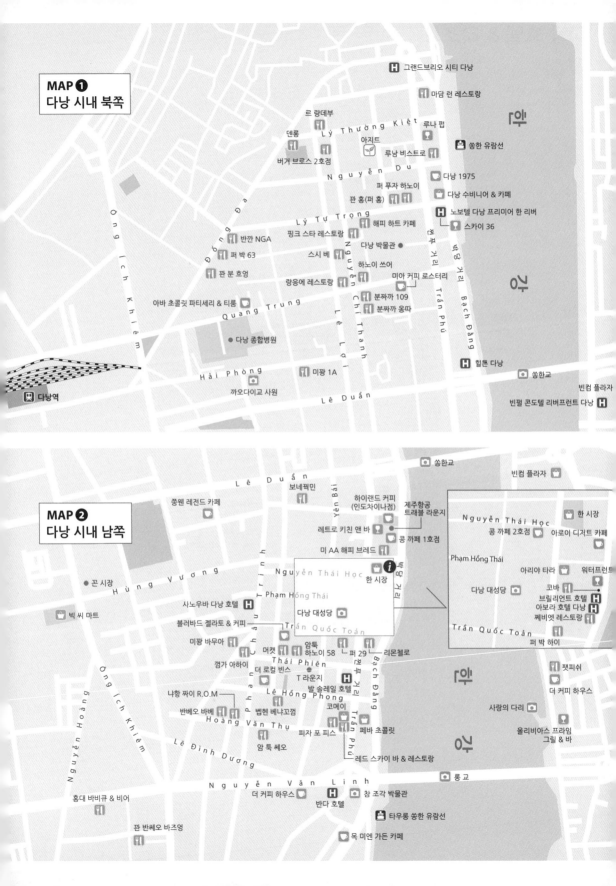

MAP ❶
다낭 시내 북쪽

그랜드브리오 시티 다낭 Ⓗ
마담 런 레스토랑 🍴
르 랑데부 🍴
덴롱 🍴   Lý Thường Kiệt   루나 펍 🍴
아지트   쏭한 유람선 🚢
버거 브로스 2호점 🍴   루남 비스트로 🍴
            Nguyễn Du   다낭 1975 🍴
            퍼 푸자 하노이 🍴   다낭 수비니어 & 카페 🛍
관 홍(퍼 홍) 🍴   노보텔 다낭 프리미어 한 리버 Ⓗ
            Lý Tự Trọng   해피 하트 카페 🍴   스카이 36 🍴
반깐 NGA 🍴   핑크 스타 레스토랑 🍴   다낭 박물관
퍼 박 63 🍴   스시 베 🍴   하노이 쓰어 🍴
관 분 흐엉 🍴   랑응에 레스토랑 🍴   미아 커피 로스터리 ☕
아바 초콜릿 파티세리 & 티룸 🍴   분짜까 109 🍴
            Quang Trung   분짜까 옹따 🍴
            Lê Lợi
            다낭 종합병원
            Hải Phòng   미꽝 1A 🍴   힐튼 다낭 Ⓗ
            까오다이교 사원   쏭한교 📷
            Lê Duẩn   빈컴 플라자 🛍
다낭역 🚉   빈펄 콘도텔 리버프런트 다낭 Ⓗ

MAP ❷
다낭 시내 남쪽

            Lê Duẩn   쏭한교 📷
            보녜꿕민 🍴   빈컴 플라자 🛍
쫑웬 레전드 카페 ☕   Yên Bái   하이랜드 커피(인도차이나점) ☕   제주항공 트래블 라운지
            레트로 키친 앤 바 🍴   콩 까페 1호점 ☕
            미 AA 해피 브레드 🍴
곤 시장   Hùng Vương   Nguyễn Thái Học   한 시장 🛍 ⓘ
            Phạm Hồng Thái
빅 씨 마트 🛒   사노우바 다낭 호텔 Ⓗ   다낭 대성당 📷
            블러바드 젤라토 & 커피 ☕   Trần Quốc Toản
            미꽝 바무아 🍴   암툭 하노이 58 🍴   퍼 29 🍴   리몬첼로 🍴
            머켓 🍴
            껌가 아하이 🍴   더 로컬 빈스 🛍
나항 짜이 R.O.M 🍴   Thái Phiên   T 라운지 ☕
반베오 바베 🍴   벱헨 베냐꼬껌 🍴   Lê Hồng Phong   발 솔레일 호텔 Ⓗ
            Hoàng Văn Thụ   코메이 🍴
            암 툭 쎄오 🍴   Trần Phú   페바 초콜릿 🍴
            Lê Đình Dương   피자 포 피스 🍴
            레드 스카이 바 & 레스토랑 🍴
            Nguyễn Văn Linh   롱교 📷
홍대 바비큐 & 비어 🍴   더 커피 하우스 ☕   참 조각 박물관 Ⓗ
            반다 호텔 Ⓗ
관 반쎄오 바즈엉 🍴   타우롱 쏭한 유람선 🚢
            목 미엔 가든 카페 ☕

Nguyễn Thái Học   한 시장 🛍
콩 까페 2호점 ☕   아로이 디저트 카페 ☕
Phạm Hồng Thái
            아리야 타라 🍴   워터프런트 🍴
다낭 대성당 📷   코바 🍴
            브릴리언트 호텔 Ⓗ
            아보라 호텔 다낭 Ⓗ
Trần Quốc Toản   쩨비엣 레스토랑 🍴
            퍼 박 하이 🍴

            팻피쉬 🍴
            더 커피 하우스 ☕
            사랑의 다리
            올리비아스 프라임 그릴 & 바 🍴

MAP 3
미케 비치 북쪽

꽌 베만

젠 루프톱 라운지

퓨전 스위트 다낭 비치

베만 B

Võ Nguyên Giáp

Đông Kinh Nghĩa Thục
존 부티크 빌라

클라우드 가든

L o s e b y

Lê Mạnh Trinh

마이 까사

M o r r i s o n

바빌론 스테이크 가든
2호점

소피아 레스토랑

소피아 부티크 호텔 다낭

am Văn Đồng

베안

Đình Nghệ

마하라자 인디언 레스토랑

박가네

미꽝 24/7

알라 카르트 다낭 비치

패밀리 인디언 2호점

패밀리 인디언 1호점

벨 메종 파로산드 다낭

에이크 가든 3호점

카 꽁 카페

미꽝 바무아 미케 비치점

4U 비치 레스토랑

Hồ Nghinh

모나크 호텔

MAP 4
미케 비치 남쪽

Nguyễn Văn Thoại

센 부티크 다낭 호텔

코코그린 카페

로열 로터스 호텔 다낭

Lê Quang Đạo

Võ Nguyên Giáp

하빈 부티크 다낭

TMS 호텔 다낭 비치

르 쁘띠 카페

코히바

아이러브 바비큐

Hoàng Kế Viêm

버거 브로스

아다모 호텔

엘 스파

43 팩토리 커피 로스터

골드 스타 커피

Ngô Thì Sỹ

오아시스 타파스 바

P h a n   T ú

탄뗌 베이커리 & 커피

식스 온 식스

람 비엔 레스토랑

바빌론 스테이크 가든
1호점

Trần Văn Dư

풀만 다낭 비치 리조트

H ồ   X u â n   H ư ơ n g

마스터 떡볶이
(배달 전문)

푸라마 리조트 다낭

HOI AN

다낭에서 남쪽으로 약 30km 거리에 있는 작은 도시 호이안은 베트남에서 가장 아름답고 낭만적인 도시라고 해도 과언이 아니다. 무역항으로 이름을 날리던 시절의 화려한 모습이 그대로 박제된 호이안의 올드 타운은 아름다운 전통 고가와 유명 맛집, 카페, 상점들이 모두 모여 있어 하루 만에 다 둘러보기에는 시간이 모자란다. 거리를 뜨겁게 달구던 해가 지고 어둠이 찾아오면 호이안의 상징인 알록달록한 예쁜 등이 하나둘 켜지고 더위를 피해 쉬고 있던 관광객이 모두 쏟아져 나와 거리는 더욱 활기가 넘친다. 다낭에서 하루 정도 시간을 내서 호이안에 다녀와도 좋지만, 호이안의 낮과 밤을 제대로 즐기려면 호이안에 숙소를 잡고 며칠 편안히 쉬면서 여유 있게 둘러볼 것을 추천한다.

호이안
들여다보기

안방 비치 Bãi Biển An Bàng
인기 레스토랑과 바가 있어 물놀이를
즐기고 쉬기 좋은 인기 해변

내원교 Chùa Cầu
과거에 일본인과 중국인 거주지를 연결했던 일본
식 목조 다리

끄어다이 비치 Bãi Biển Cửa Đại
안방 비치보다 한적해 조용히 쉬기에 좋은 해변

호이안 야시장 Chợ Hội An
해가 지면 불을 밝힌 화려한 등으로 옷을
갈아입는 활기찬 야시장

호이안 야시장

호이안 올드 타운 Phố Cổ Hội An
동양적인 신비와 서구적인 자유로움이
공존하는 낭만적인 세계 문화유산

껌탄 Cẩm Thanh
물야자 숲이 우거진 마을이자 에코 투어로
유명한 코코넛 빌리지

안방 비치

하이바쫑 거리

끄어다이 비치

끄어다이 거리

호이안 올드 타운

껌탄

끄어다이교

호이안 찾아가기

호이안은 공항이 없어 다낭 국제공항에서 호이안으로 바로 이동해야 한다. 다낭 국제공항에서 호이안까지는 버스, 철도 등의 대중교통 수단은 없고 택시, 여행사의 픽업 서비스나 셔틀버스, 호텔 트랜스퍼 서비스 등을 이용해 이동할 수 있으며 자동차로 이동 시 40~50분 정도 소요된다.

1 | 택시

다낭 국제공항에서 호이안까지 4인승 택시로 미터기를 켜고 이동할 경우 40~50만 VND 정도의 요금을 예상하면 되고, 미리 흥정해서 요금을 정하고 가기도 한다. 택시 운전기사들은 대부분 영어가 통하지 않으므로 호텔이나 목적지의 이름과 주소를 미리 준비해서 보여주는 것이 좋다. 목적지가 호이안 올드 타운 내에 있다면 입구에서 하차해야 한다.

2 | 여행사 픽업 서비스

늦은 시간에 도착하거나 택시를 이용하는 것이 부담스럽다면 여행사에서 제공하는 픽업 서비스를 사전에 예약하면 된다. 예약 시 이름, 도착 시간, 항공편 등의 정보를 넣게 되어 있으며 운전기사가 비행기 도착 시간에 맞춰 이름이 적힌 보드를 들고 입국장에 마중 나온다. 가격은 업체나 차량 크기에 따라 차이가 있으며 차량당 가격이 $14~22 정도다. 비행기 도착 시간이 밤 10시가 넘으면 추가 요금을 지불해야 한다.

3 | 호이안 익스프레스 셔틀

다낭 국제공항에서 시내의 박당 거리, 미케 비치, 안방 비치, 호이안의 호텔들 사이를 운행하는 셔틀버스로 운행 루트에 따라 순차적으로 하차하기 때문에 개별 픽업 서비스보다 시간은 더 걸리지만 좀 더 저렴하다. 오전 5시~밤 11시까지 1시간 간격으로 운행되며 가격은 1인 기준 $6다. 좀 더 자세한 정보 및 예약은 홈페이지(hoianexpress.com.vn) 참고.

4 | 호텔 트랜스퍼 서비스

호이안에 있는 대부분의 호텔이 다낭 국제공항에서 호텔까지 유료 트랜스퍼 서비스를 제공한다. 가격은 호텔에 따라 다르지만 일반적으로 4인승 차량 기준 $18~25로 택시나 여행사 픽업 서비스보다는 약간 비싸지만 고급스러운 차량으로 자신이 숙박하는 호텔까지 편하게 이동할 수 있어서 좋다. 호텔 예약 시 추가로 트랜스퍼 서비스를 요청하면 된다.

호이안 시내 교통

호이안 올드 타운

호이안 올드 타운은 차량이 진입할 수 없기 때문에 도보로 관광해야 하며 도보로 돌아보는 것이 호이안 올드 타운의 매력을 가장 잘 발견할 수 있는 방법이다. 호이안 내 대부분의 호텔에서 무료로 빌려주는 자전거를 타고 돌아다니는 것도 좋은 방법이다. 삼륜 자전거 택시인 시클로를 타고 편하게 앉아 호이안 올드 타운을 쭉 돌아보는 방법도 있는데, 이 경우 호이안 올드 타운을 수박 겉 핥기 식으로만 보게 되기 때문에 걷는 것이 부담되는 부모님이나 아이들 동반 여행 시에만 추천한다.

호이안 올드 타운 → 안방 비치

호이안 올드 타운에서 안방 비치까지는 차로 15~20분 정도의 거리로 올드 타운에 있는 대부분의 호텔에서 무료 셔틀버스를 운행한다. 안방 비치나 올드 타운 외곽에 있는 호텔들은 호이안 올드 타운까지 무료 혹은 유료 셔틀버스를 운행한다. 무료 셔틀버스 시간이 맞지 않다면 택시나 그랩카로 이동하면 된다.

HOI AN
TRAVEL HIGHLIGHT

호이안 올드 타운 Hoi An Ancient Town | Phố Cổ Hội An

호이안은 15~19세기, 아시아는 물론 네덜란드 등 유럽의 상인까지 드나드는 베트남의 중요한 국제무역 항구였으며 중국인과 일본인이 정착해 마을을 이루기도 했던 곳이다. 당시 모습이 고스란히 남아 있는 호이안의 올드 타운은 동양적인 신비와 서구적인 자유로움이 묘하게 공존하는 독특한 분위기를 풍긴다. 1999년 올드 타운 전체가 유네스코 세계 문화유산으로 지정되었으며 원칙적으로는 입장권을 구입해야 들어갈 수 있다. 입장권을 구입하면 올드 타운 내의 내원교, 고가, 박물관, 회관 등 관광 명소 중 5곳을 골라 입장할 수 있고 전통 공연도 볼 수 있다. 입장권 판매 수익은 호이안 올드 타운의 복원과 유지에 사용된다고 한다.

📍 다낭에서 자동차로 약 50분

VND 성인 12만 VND(관광 명소 입장은 24시간만 유효)

@ www.hoianancienttown.vn

TIP

호이안 올드 타운 입장권 사용법

호이안 올드 타운에 들어오는 여러 골목에 있는 티켓 매표소에서 입장권을 구입하면 올드 타운 내 관광 명소 중 5곳을 골라 입장할 수 있다. 입장권의 오른쪽 반은 5개 칸으로 나뉘어 있어 관광 명소에 입장할 때마다 1장씩 뜯어가게 되어 있는데, 5곳의 명소를 모두 방문한 후에도 입장권의 왼쪽 나머지 부분은 올드 타운에 들어갈 때마다 직원이 요구하면 보여줘야 하기 때문에 잘 보관해야 한다. 관광 명소 입장은 원칙적으로 24시간만 유효하지만 실제로 24시간이 지나도 사용할 수 있다.

고가	풍흥 고가*, 떤끼 고가, 득안 고가, 꽌탕 고가, 쩐가 사당, 응우옌 떵 사당
박물관	도자기 무역 박물관, 민속 문화 박물관*, 싸후인 문화 박물관, 호이안 박물관
향우 회관	푸젠 회관*, 광둥 회관*, 조주 회관
기타 관광 명소	내원교 내 사당, 꽌꽁 사당*, 껌포 주민 회관, 민흐엉 주민 회관
전통 공연	쓰당쫑Xứ Đàng Trong 전통 공연(10:15-10:45, 15:15-15:45), 수공예 워크숍

* 표시된 곳은 입장권 사용 추천 관광 명소

올드 타운 입장권

• 올드 타운 | 대표 관광 명소 •

내원교(일본교)

Japanese Covered Bridge | Chùa Cầu

호이안 올드 타운을 대표하는 상징적인 건축물로 17세기 초 호이안에 정착했던 일본인들이 세운 다리다. 아름답게 채색된 목재 지붕으로 덮여 있으며 1쌍의 개 석상과 1쌍의 원숭이 석상이 다리의 양쪽 끝을 지키고 있는데, 이 두 동물이 있는 이유는 개와 원숭이 해에 일본 천황이 많이 태어났기 때문이라는 설과 다리 건설이 개해에 시작되어 원숭이해에 끝났기 때문이라는 2가지 설이 전해진다. 다리 안쪽의 가운데 부분에는 날씨와 천재지변을 관장하는 신인 박대쩐보Bắc Đế Trấn Võ'를 모시는 작은 사당이 있다. 다리를 건너는 것은 무료이지만 직원이 입장권을 보여달라고 하는 경우가 있으며 사당에 입장하려면 5개의 입장권 중 1장을 사용해야 한다.

🔽 쩐푸Trần Phú 거리 서쪽 끝

꽌꽁 사당

Quan Cong Temple | Quan Công Miếu

삼국시대 촉한의 명장군, 관우를 모신 사당이다. 관우는 중국 문화에서 충의와 용맹을 상징하는 인물로 재복의 신으로 받들어지기도 한다. 1653년에 건립된 이 사당은 여러 차례 복구되었는데도 본래 모습을 거의 그대로 간직하고 있다. 안으로 들어가면 먼저 좌우에 청룡언월도를 닮은 제의 기구가 꽂힌 작은 제단이 하나 있고, 중앙의 연못 뒤로 중앙에 관우, 좌우에 아들인 관평, 관우의 오른팔인 주창의 동상이 있는 본 제단이 있다. 제단 양쪽으로는 관우가 타고 다니던 적토마와 백마의 실제 크기 조각상도 있다. 1년에 2번, 관우의 생일(음력 1월 13일)과 사망일(음력 6월 24일)에 열리는 축제 때에는 전국에서 온 참배객들로 붐빈다.

🔽 쩐푸 거리와 응우옌 후에 거리가 만나는 사거리 / 호이안 시장 맞은편

🏠 24 Trần Phú ⊙ 08:00-17:00

◦ 올드 타운 | 고가 ◦

풍흥 고가 Old House of Phung Hung | Nhà Cổ Phùng Hưng

1780년에 세워진 2층의 목조 가옥으로 호이안 올드 타운에서 가장 아름다운 고가 중 하나로 손꼽힌다. 베트남, 일본, 중국의 건축양식이 섞여 있으며 80개의 견고한 목조 기둥이 집을 받치고 있다. 계피, 후추, 소금, 실크, 도자기, 유리 제품을 판매하던 상점으로 이용되었기 때문에 1층에서 물건을 바로 들어 올릴 수 있도록 2층 바닥에 사각형의 구멍이 나 있다. 현재까지도 8대 후손들이 거주하고 있는 가옥 내부는 낌봉 목공예 마을에서 만들어진 아름다운 목재 가구와 수공예품으로 장식되어 있으며 실크 제품을 비롯한 다양한 기념품도 판매한다. 2층 발코니에서 올드 타운의 거리 풍경을 내려다볼 수 있다.

📍 내원교에서 도보 1분

🏠 4 Nguyễn Thị Minh Khai

🕐 08:00-18:00

떤끼 고가

Old House of Tan Ky | Nhà Cổ Tấn Ký

약 200년 전에 지어진 2층의 고가옥으로 규모가 크지 않지만 나전 기법으로 꾸며진 아름다운 기둥과 앤티크 가구, 다양하고 아름다운 골동품들로 볼거리가 많기로 유명하다. 베트남, 일본, 중국의 건축양식이 섞여 있으며 내부는 중국인 상인을 맞았던 응접실과 거실, 우물이 있는 안마당, 침실 등으로 나뉘어 있다. 강가 쪽에 있는 집 뒤편은 외국 상인들이 임대를 해서 사용했다고 하는데 배에서 바로 물건을 내리거나 싣기 좋게 문이 하나 더 나 있다. 2층은 7대 후손들이 거주하는 공간이라 일반인에게 공개되지 않는다.

📍 내원교에서 도보 3분
🏠 101 Nguyễn Thái Học
🕐 08:00-12:00, 13:30-17:30

득안 고가

Old House of Duc An | Nhà Cổ Đức An

400년 넘게 대대로 한 가족이 거주했던 곳으로 현재 가옥은 1850년에 지어졌다. 과거 베트남 중부에서 가장 유명한 서점이었던 이곳에는 베트남, 중국 서적은 물론 루소나 볼테르 같은 외국 정치 사상가들의 책까지 고루 갖추어져 있어 베트남 민족주의 지도자들이 즐겨 찾는 장소였다고 한다. 20세기 초에는 한약방으로 이용되기도 했으며 이후 유명한 베트남 공산주의 혁명가인 까오홍란Cao Hồng Lãnh이 살았던 집이기도 하다. 내부에는 까오홍란의 공산혁명과 관련된 사진 자료들이 남아있다.

📍 내원교에서 도보 2분   🏠 129 Trần Phú
🕐 08:00-21:00

꽌탕 고가

Old House of Quan Thang | Nhà Cổ Quân Thắng

17세기 후반에 지어진 가옥으로 부유한 중국인 선장 꽌탕이 살았던 집이다. 내부에는 낌봉 목공예 마을에서 만들어진 정교한 가구와 조각품들이 잘 보존되어 있으며 아담한 안마당의 벽은 푸른색 도자기 조각으로 아름답게 장식되어 있다. 안쪽으로 들어가면 호이안의 명물 만두인 화이트 로즈(반바오 반박Bánh Bao Bánh Vạc)를 만들고 있는 모습을 볼 수 있는데, 그 자리에서 주문해 맛볼 수도 있다.

📍 내원교에서 도보 5분
🏠 77 Trần Phú
🕐 09:30-18:00

쩐가 사당 Tran Family Chapel | Nhà Thờ Cổ Tộc Trần

응우옌 왕조의 초대 황제인 자롱 황제의 통치 기간에 고위 관료를 지낸 쩐뜨냑Trần Tứ Nhạc이 1802년 왕의 사신으로 중국에 가면서 후손에게 남긴 집과 사당이다. 나지막한 담으로 둘러싸인 정원을 지나 안으로 들어가면 중국, 일본, 베트남 건축양식이 섞인 목조 주택이 있는데 조상에게 제사 지내는 사당과 후손들이 거주하는 집, 두 부분으로 구분되어 있다. 도자기와 그림, 검, 도장 등의 골동품이 전시되어 있다.

📍 내원교에서 도보 7분   🏠 21 Lê Lợi   🕐 07:00-21:00

올드 타운 | 향우 회관

푸젠 회관

Fujian Assembly Hall | Hội Quán Phúc Kiến

호이안에 있는 중국 향우 회관 중 가장 규모가 크고 유명한 곳이다. 중국 푸젠성 출신의 상인들이 호이안에서 회합을 하거나 사교 모임을 하기 위해 1697년에 건설했다. 출입문을 통해 안으로 들어가면 3개의 입구를 가진 화려하기 그지없는 2층 규모의 문이 또 하나 있다. 정원은 성공을 상징하는 잉어 모자이크 조각상을 비롯해 중국인이 상서롭게 여기는 온갖 동물 상으로 장식되어 있으며 안쪽에는 바다의 여신이자 뱃사람들의 수호신인 티엔 허우Thiên Hậu, 투언 퐁 니Thuận Phong Nhĩ, 티엔 리 냔Thiên Lý Nhãn을 모신 절 금산사가 있다.

📍 호이안 시장에서 도보 2분
🏠 46 Trần Phú
🕐 08:00-17:00

광둥 회관 Quang Trieu (Cantonese) Assembly Hall | Hội Quán Quảng Đông

중국 광둥 지역 출신 상인들이 1885년에 건설한 회관으로 특이한 점은 건물 각 부분을 중국에서 만든 후 이곳으로 가지고 와서 조립했다고 한다. 4개의 거대한 분홍빛 돌기둥을 가진 아름다운 출입문을 지나 안으로 들어가면 안마당에는 멋진 모자이크 용 조각상이 있는 연못이 있다. 바다의 여신 티엔 허우와 꽌꽁(관우)을 모신 사당도 있는데 중국인 어부와 상인들이 쉬어 가거나 상품을 교역하는 장소로도 사용되었다고 한다. 관우를 모신 사당에는 관우가 탔던 백마와 적토마 동상도 있다.

📍 내원교에서 도보 1분
🏠 176 Trần Phú
🕐 07:00-17:30

· 올드 타운 | 박물관 ·

도자기 무역 박물관 Museum of Trade Ceramics | Bảo Tàng Gốm Sứ Mậu Dịch

과거 무역항으로 번성했던 호이안의 모습을 짐작해볼 수 있는 박물관으로 전통 베트남 목조 가옥을 개조한 박물관 건물도 아름답다. 박물관은 중정과 대기실을 가진 2층의 목조 가옥 전체를 전시실로 이용하는데 2층 발코니에서 호이안 올드 타운의 아기자기한 거리가 내려다보인다. 약 430점의 도자기와 지도 등의 자료들이 중국, 일본, 인도, 태국, 중동, 베트남 사이에서 이루어지던 8~18세기 도자기 교역 네트워크를 증명한다.

📍 내원교에서 도보 5분   🏠 80 Trần Phú   🕐 08:00-17:00

민속 문화 박물관

Museum of Folk Culture | Bảo Tàng Văn Hóa Dân Gian

호이안의 민속 문화에 관련된 물건을 전시하는 박물관으로 길이 57m, 폭 9m의 호이안 올드 타운에서 가장 큰 목조 건물에 자리 잡고 있다. 전통 공예품을 만드는 기구와 농기구, 조리 기구, 배, 그물, 통발 등 490여 점의 전시품은 1층과 2층에 나뉘어 전시되어 있는데 2층에 더 볼거리가 많다. 건물 가운데 있는 아늑한 중정에서 차를 마실 수도 있고 전통 민예품을 구입할 수도 있다.

📍 내원교에서 도보 5분
🏠 33 Nguyễn Thái Học
🕐 08:00-17:00

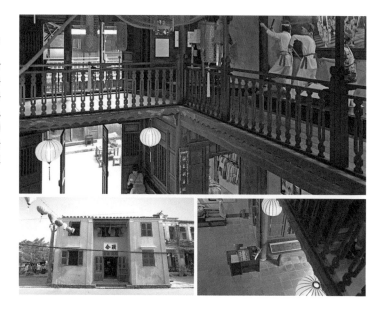

싸후인 문화 박물관 Sa Huynh Culture Museum | Bảo Tàng Văn Hóa Sa Huỳnh

베트남 중부에 있었던 청동기, 철기 문명인 싸후인 문명의 유물을 전시해놓은 박물관이다. 싸후인 유적에서 발굴된 토기, 손도끼, 청동 검, 장신구 등의 유물이 전시되어 있다. 가장 인상 깊은 전시물은 장례에 사용되던 커다란 토기인데 이 옹관들은 50곳 이상의 유적지에서 200여 개가 발굴되었다고 한다. 2층 테라스에서는 호이안 올드 타운이 내려다보인다.

📍 내원교에서 도보 1분 / 광동 회관 맞은편　🏠 149 Trần Phú　🕐 08:00-17:00

호이안 박물관

Hoi An Museum | Bảo Tàng Hội An

꽌꽁 사당 옆에 있던 역사 문화 박물관을 확장 이전한 박물관으로 3층 규모의 전시장에 선사시대부터 현재에 이르기까지 호이안의 역사와 문화에 관련된 335점의 유물을 전시하고 있다. 싸후인 문명, 참파 왕국, 대월국 시대를 거쳐 베트남의 주요 무역항이었던 시대까지 다양한 유물을 볼 수 있다. 4층 루프톱에 있는 카페에서는 호이안 전체를 조망할 수 있다.

📍 쩐가 사당에서 북쪽으로 도보 3분

🏠 10B Trần Hưng Đạo

🕐 07:30-17:00

호이안 시장

Hoi An Market | Chợ Hội An

호이안 올드 타운에 있는 실내 재래시장이다. 맛있는 열대 과일과 채소, 투본 강에서 잡아 올린 싱싱한 생선과 새우 등의 해산물, 다양한 쌀국수 면, 각종 육류, 베트남 기념품 등을 구입할 수 있다. 베트남 전통 음식을 파는 노점상에서 간단하게 식사를 해결할 수도 있다. 호이안에서 쿠킹 클래스를 들으면 이곳에서 같이 장을 본다. 라탄 제품을 파는 상점도 여러 곳 있는데, 상점마다 예쁘고 다양한 라탄 가방을 판매하니 마음에 드는 제품이 있으면 잘 흥정해서 구입하자.

📍 쩐푸 거리 동쪽 끝부분

🏠 Trần Quý Cáp

🕐 07:00-19:00

안방 비치

An Bang Beach | Bãi Biển An Bàng

호이안 올드 타운에서 자동차로 20분 거리에 있는 인기 해변이다. 여름철에는 해수욕, 패들 보드를 즐기거나 선베드에서 여유롭게 일광욕을 즐기는 사람들로 붐빈다. 선베드는 요금을 내고 빌려야 하는데 레스토랑 앞에 있는 선베드는 식사를 주문해서 먹으면 무료로 이용할 수 있다. 9~3월에는 파도가 높아져 서핑을 하러 찾는 사람이 많다. 소울 키친, 더 데크하우스 등 인기 레스토랑과 바가 있어 해변에서 놀다가 식사를 하거나 시원한 음료수를 마시며 쉴 수 있고 안쪽으로 조금만 들어가면 다양한 가격대의 숙소들도 있다.

📍 호이안 올드 타운에서 자동차로 15~20분

• HOI AN DINING •

선베드에서 느긋하게 즐기는 맛있는 요리와 시원한 생맥주

안방 비치 인기 레스토랑

소울 키친 Soul Kitchen

안방 비치에 있는 레스토랑 중 가장 유명한 곳으
로 바다를 바라보며 느긋하게 시간을 보내기에 좋
고 해수욕을 즐기고 간단하게 씻을 수 있는 샤워
시설도 있다. 식사 메뉴보다는 버거 등의 간단한
스낵과 맥주, 음료를 즐기는 사람이 많다. 선불이
므로 미리 돈을 준비하는 것이 좋다. 우리나라 관
광객들 사이에 맛집으로 소문나서 손님의 반 이상
이 한국 사람들이다.

📍 안방 비치 입구에서 바다를 바라보고 왼쪽으
　 로 골목 끝에서 2번째

🏠 An Bang Beach

🕐 월요일 08:00-19:00, 화~일요일 08:00-
　 23:00

🍴 맥주 2만 5000~6만 VND, 해산물 볶음밥 11
　 만 VND, 소울 버거 14만 5000 VND

더 데크하우스 안방 비치 The Deck House An Bang Beach

소울 키친과 함께 안방 비치를 대표하는 인기 레스토랑이다. 파란색과 하늘색 파라솔과 쿠션, 하얀 테이블이 휴양지 느낌을 물씬 풍긴다. 해변과 바로 연결되어 있으며 레스토랑 손님은 선베드를 무료로 이용할 수 있고 간단한 샤워 시설도 있다. 파니니, 버거, 베트남 전통 요리, 시푸드 등의 식사 메뉴가 있으며 바 메뉴로는 시원한 생맥주와 칵테일, 주스, 스무디 등이 있다.

📍 안방 비치 입구에서 바다를 바라보고 왼쪽으로 골목 끝

🏠 An Bang Beach

🕐 07:00-23:00(시즌에 따라 변동)

🍴 프라이드 시푸드 에그 누들 16만 VND,
　크리스피 치킨 16만 VND

더 흐몽 시스터즈
The H`mong Sisters

소울 키친 바로 옆에 있는 지중해 요리 전문 레스토랑이다. 빈티지한 베트남 전통 꽃무늬 쿠션과 야자수 파라솔이 휴양지의 느낌을 물씬 풍긴다. 지중해 요리 전문이라 해산물 요리가 많지만 소시지나 스테이크 요리도 유명하다. 바로 옆의 소울 키친에 비해 우리나라 관광객도 적고 한산해 여유롭게 식사와 휴식을 즐길 수 있다.

📍 안방 비치 입구에서 바다를 바라보고 왼쪽으로 소울 키친 가기 바로 전

🏠 An Bang Beach, Lo 7

🕐 09:00-22:00

🍴 시푸드 스파게티 14만 VND,
오스트레일리안 블랙 앵거스 스테이크 99만 VND / kg

돌핀 키친 & 바 Dolphin Kitchen & Bar

안방 비치를 바라보며 여유로운 시간을 즐기기에 그만인 레스토랑이다. 시원한 과일 주스, 스무디, 맥주와 같은 음료부터 쇠고기, 닭고기, 해산물 등을 메인으로 하는 식사 메뉴도 다양하게 준비되어 있다. 레스토랑 이용 고객은 선베드가 무료이며 간단한 샤워 시설도 있다. 호이안 신세리티 호텔 & 스파와 연계되어 있어 신세리티 호텔에 숙박할 경우 무료 셔틀을 이용할 수 있다.

📍 라 플라주 근처

🏠 An Bang Beach   🍴 크리스피 쉬림프 위드 프렌치 프라이 18만 VND, 주스 5만 5000 VND

라 플라주 La Plage

가족이 경영하는 레스토랑으로 소울 키친, 더 데크 하우스, 더 흐몽 시스터즈와는 반대 방향의 한산한 곳에 있다. 해변의 파라솔 좌석이나 정원의 야자나무 그늘 아래 있는 좌석 모두 주변의 아름다운 경치를 감상하며 조용하게 시간을 보낼 수 있다. 올 데이 브렉퍼스트와 스낵, 베트남 요리 메뉴 등이 있으며 맥주와 칵테일 가격이 다른 유명 레스토랑들보다 조금 더 저렴하다. 레스토랑 손님은 선베드를 무료로 이용할 수 있다.

📍 안방 비치 입구에서 바다를 바라보고 오른쪽 끝 부근

🏠 An Bang Beach

☎ +84 935 927 565

🕐 07:00-23:00

🍴 가리비 구이 8만 VND, 맥주 2만~3만 5000 VND

호이안의 밤을
특별하게 즐기는 3가지 방법

호이안의 밤은 낮보다 더 낭만적이고 아름답다. 예쁜 등불에 홀린 듯 거리로 쏟아져 나온 관광객들은 저마다의 방식으로 호이안의 밤을 즐긴다. 분위기 좋은 바에서 칵테일이나 와인을 홀짝이며 거리를 오가는 사람들을 구경하는 것도 좋지만 관광객으로 붐비는 야시장이나 투본 강가에서 기념사진을 남기거나 소원등을 띄우며 호이안의 밤을 만끽해보자. 자녀와 함께 여행한다면 수상 인형극을 보는 것도 특별한 추억이 된다.

149

소원등 띄우기 Floating Lantern on the River

매달 초나 말, 보름달이 뜨는 날 투본 강에 소원을 담은 등을 띄우던 등 축제에서 유래한 것으로 지금은 관광객 사이에서 유명한 체험거리가 되어 보름날이 아니라도 매일 밤 소원등을 띄울 수 있다. 소원등만 사서 강가에 띄울 수도 있지만 대부분의 사람들은 강 가운데로 나룻배를 타고 나가 소원등을 띄운다. 해가 진 후 투본 강가로 나가면 여기저기서 한국말로 요금을 부르며 호객하는데 처음에는 비싼 가격을 부르기 때문에 흥정해서 가격을 조정해야 한다. 야시장 근처 안호이 다리에 가까울수록 가격이 비싸다. 흥정만 잘하면 소원등까지 포함된 가격에 나룻배를 탈 수 있다. 나룻배를 탈 때는 안전을 위해 구명조끼를 입는다.

📍 호이안 올드 타운 쪽 투본 강가, 시나몬 크루즈 근처   VND 소원등 1만 VND, 나룻배 2인 20만 VND

2

호이안 야시장 Hoi An Night Market

투본 강을 사이에 두고 호이안 올드 타운과 마주 보고 있는 안호이 섬에서는 매일 저녁 시끌벅적한 야시장이 열린다. 호이안의 상징인 등, 입체 카드, 아오자이 등 다양한 베트남 기념품과 길거리 음식을 판매하는 노점들이 거리를 따라 늘어서고 야시장 근처의 레스토랑과 바들은 저녁때가 되어서야 활기를 띠기 시작한다. 해가 지기 시작하면 입구부터 예쁜 등이 불을 밝혀 낮과는 전혀 다른 풍경이 펼쳐지고 관광객도 기념사진을 찍으러 몰려든다.

📍 내원교에서 안호이 다리를 건너 도보 3분 /
안호이 섬 응우옌 호앙 거리
🏠 Đường Nguyễn Hoàng
🕐 17:00-23:00

3

수상 인형극
Water Puppet Show

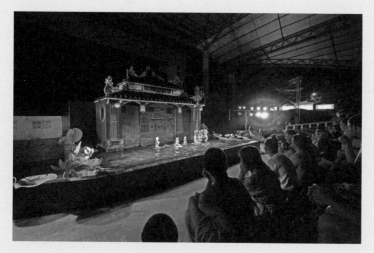

호이안 올드 타운 북쪽 호이안 극장Hội An Theater에서 일주일에 3번 공연되는 인형극이다. 공연은 45분 정도 베트남어로 진행되지만 처음에 영어로 간단하게 줄거리를 설명해주고 내용이 단순해서 이해하기 어렵지 않다. 화려하게 채색된 인형들이 물 위에서 일사불란하게 춤을 추며 펼치는 인형극은 아이들을 동반하는 여행이라면 꼭 한 번 관람해볼 만하다. 표는 올드 타운 내에 있는 입장권 매표소 또는 극장 입구에서 구입할 수 있다.

📍 호이안 올드 타운 북쪽에 있는 호이안 극장
🏠 548 Hai Bà Trưng
🕐 매주 화요일, 금요일, 토요일 저녁 6시 30분
VND 성인 8만 VND, 어린이 4만 VND

HOI AN SPECIAL

호이안
에코 투어

호이안에만 있는 독특한 투어 상품으로 올드 타운에서 자동차로 20분 정도 떨어진 껌탄Cẩm Thanh 마을에서 진행된다. 바구니처럼 생긴 전통 고기잡이배를 타고 강을 따라 올라가며 울창하게 우거진 야자수 숲과 주변 어촌 마을을 둘러보고 전통 고기잡이 체험을 한 후 간단한 베트남 전통 요리를 직접 만들어 먹는 쿠킹 클래스도 체험할 수 있다. 호텔 픽업 서비스와 호이안 시장 구경 등이 포함되어 있다. 여러 여행사들이 에코 투어를 판매하는데 우리나라 관광객이 많이 이용하는 업체로는 신투어리스트(www.thesinhtourist.vn), 호이안 에코 코코넛 투어(www.hoianecococonuttour.vn/en), 껌탄 에코 투어(camthanhecotours.com/ko) 등이 있으며 다낭 여행 카페나 숙박하는 호텔을 통해서도 예약할 수 있다.

1

호이안 시장 구경

가이드와 함께 호이안 시장으로 이동해 쿠킹 클래스에 쓰일 전통 식재료에 대한 설명을 들으며 시장을 구경한다.

2

모터보트를 타고 껌탄 마을로 이동

시장 근처의 선착장에서 모터보트를 타고 껌탄 마을 강 하구까지 30분 정도 이동한다. 강바람이 차갑게 느껴질 수 있으니 바람막이 재킷을 준비하자.

3
신나는 바구니 배 투어

2명씩 짝을 지어 바구니 배에 옮겨 탄다. 노를 젓는 뱃사공이 야자수 잎으로 메뚜기나 반지를 만들어주기도 하고 전통 방식으로 작은 게나 조개를 잡기도 한다. 패키지 여행객이 많이 이용하는 업체에서는 '강남 스타일'에 맞춰 바구니 배를 현란하게 돌리는 쇼도 펼친다.

4
쿠킹 클래스

쿠킹 클래스가 진행될 장소로 이동해 강사와 함께 파파야 샐러드, 쌀국수, 스프링롤, 반쎄오 등 베트남 전통 요리를 만들고 직접 만든 요리로 점심이나 저녁을 먹는다.

호이안의
유명 쿠킹 클래스

베트남 음식에 관심이 많다면 에코 투어에 포함된 쿠킹 클래스보다 좀 더 전문적인 강습을 받을 수 있는 유명 레스토랑이나 전문 업체의 쿠킹 클래스에 참가하는
것이 좋다. 호이안 시장에서 여러 가지 재료를 사서 강사와 함께 인기 베트남 요리를 만들고 직접 만든 요리를 맛보는 3시간 정도의 쿠킹 클래스가 대부분인데 유
명 셰프의 레시피를 배울 수 있는 곳도 있다. 수업은 영어로 진행되지만 한글 레시피를 제공하거나 한국어를 조금 할 줄 아는 강사도 있어 영어에 대한 부담은 갖
지 않아도 된다.

©Gioan Cookery

Gioan Cookery

호이안 올드 타운 북쪽 외곽에 있는 쿠킹 클래스 전문 업체다. 4가지 베트남 요리를 선택해서 만들 수 있으며 인기 요리를 묶어 구성한 세트 메뉴 중 선택할 수도 있다. 오전, 오후, 저녁까지 원하는 시간대를 골라 신청할 수 있으며 최소 2인 이상 신청 가능하다. 호이안 숙소에서의 픽업과 재래시장 투어, 레시피 북 등이 요금에 포함되어 있다.

📍 호이안 올드 타운에서 도보 15분
🏠 222/17 Lý Thường Kiệt
💲 $40(1인 신청은 $70)
@ gioancookery.com

©Taste Vietnam

Vy's Market Restaurant Cooking School

호이안에서 여러 개의 레스토랑을 운영하는 미즈 비Ms.Vy의 레시피를 배울 수 있는 곳으로 그녀의 유명 레스토랑 중 하나인 Vy's Market Restaurant에서 진행된다. 2시간의 간단한 클래스부터 5시간의 상급 클래스까지 다양한 클래스가 있으며 클래스마다 최소 신청 인원이 다르니 유의하자. 5시간 클래스에는 보트를 타고 다녀오는 재래시장 투어가 포함되어 있다.

📍 안호이 섬 호이안 야시장 근처 Vy's Market Restaurant   🏠 3 Nguyễn Hoàng
💲 2시간 $25, 5시간 $32~42   @ tastevietnam.asia/cooking-classes

미선 유적지

My Son Sanctuary | *Thánh Địa Mỹ Sơn*

1999년 유네스코 세계 문화유산으로 지정된 미선 유적지는 4~14세기 참파 왕국의 종교적 성지였던 곳으로 참파 왕국이 멸망한 후 울창한 정글 속에 묻혀 있다가 19세기 프랑스 탐험가에 의해 발견되었다. 이곳에 있던 70개가 넘는 힌두교 사원과 무덤들은 베트남 전쟁 당시 미군의 폭격으로 대부분 파괴되었지만 지금까지 남아 있는 유적들에서는 붉은 벽돌을 촘촘히 쌓아 올려 지은 참파 왕국 특유의 건축양식과 벽면을 장식한 아름답고 신비로운 부조를 찾아볼 수 있다. 유적지는 위치에 따라 그룹 A, A', B, C, D, E, F, G, H, K 등으로 나뉘며 그룹 안에서 다시 중심이 되는 유적 순으로 번호가 붙는다. 예를 들어 B1이면 B 그룹에서 가장 중요한 유적이다. 매표소에서 유적지까지는 약 2km 거리로 버기카를 타고 이동할 수 있으며 매표소 근처에 미선 유적지에 대해 간략히 설명해놓은 전시관이 있어 이곳에 들러보면 좋다.

📍 호이안에서 차로 1시간~1시간 30분   🏠 Duy Phú, Duy Xuyên, Quảng Nam

🕐 여름철 05:30~17:00, 겨울철 06:00~17:00   VND 성인 15만 VND   @ en.mysonsanctuary.com.vn

버기카

TIP

- 그늘이 없고 매표소에서 입구까지 다니는 버기카를 제외하고는 모두 도보로 다녀야 하기 때문에 어린아이나 걷기에 자신 없는 여행객은 힘들 수 있다.
- 물, 양산, 모자, 선글라스, 자외선 차단제, 모기 기피제를 챙겨 가는 것이 좋으며 우기 때는 우산이나 비옷도 잊지 말자. 레스토랑도 마땅치 않아 간단히 간식을 챙겨 가면 좋다.
- 참족 민속 공연장에서는 하루 3~4차례 무료 전통 공연이 열리며 관람객이 20인 이상일 경우에 진행된다.
- 투어가 진행되는 날이 공휴일이나 연휴 기간과 겹칠 경우 추가 요금이 발생할 수 있다. 투어를 하는 날이 공휴일이나 연휴일 경우 예약하기 전 진행 여부를 꼭 확인하고 진행 업체의 비상 연락처를 알아놓도록 하자.
- 현지에서 투어를 예약할 경우 단체 투어임에도 불구하고 프라이빗 투어라고 속이는 경우도 있으니 주의하자.
- 미선 유적지에서 발굴된 유물의 대부분이 다낭에 있는 참 조각 박물관에 전시되어 있어 같이 둘러보면 더 유익하다.

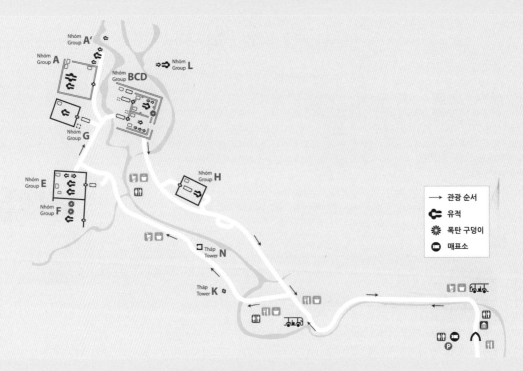

가는 방법

투어

현지 여행사 투어, 숙박하는 호텔에 마련된 투어 프로그램, 패키지 여행인 경우 옵션 투어 등을 활용해 방문하는 것이 일반적이다. 대부분 영어로 투어가 진행되며 한국인 가이드나 한국어 가능한 가이드가 있는 업체도 있다. 여행사마다 투어 시간, 규모, 포함 내역, 스케줄이 다르니 꼼꼼히 비교하고 선택하자. 오른쪽 소개한 곳 외에도 다양한 업체가 많으니 취향대로 선택하면 된다.

신투어리스트 www.thesinhtourist.vn		베트남 스토리 www.vietnamstory.co.kr	
버스 투어	08:00-13:45 1인 9만 9000 VND	반나절 호이안 미선 유적지 투어 (2~15명까지 단독 진행)	08:00-12:00 성인 2명 기준 1인 요금 5만 4000원 한국어 가이드(1팀 기준) 추가 요금 5만 5000원
선라이즈 투어	04:30-09:30 1인 12만 9000 VND		
버스 & 보트 투어	08:00-14:30 1인 12만 9000 VND	팡팡투어 cafe.naver.com/danang	
오전 혹은 오후	07:30-11:30(오전) 13:30-17:30(오후)	소규모 투어 한국인 가이드	12:00-16:30 성인 $50, 어린이 $32
1~3인 단독 투어	1인 69만 9000 VND		예약금 인당 1만 원 별도

차량 대절

기사가 딸린 렌터카, 즉 차량을 대절할 경우 원하는 시간에 이용할 수 있는 장점이 있는 반면 가이드가 없어 상세한 유적지 설명은 들을 수 없다는 단점이 있다. 호이안 구시가지에 차량 대절 간판이 많아 예약하기 쉬우며 차량 1대당 요금이라 여러 명이 이동할 경우 추천한다.

미선 유적지 탐방

A, H, K 그룹

버기카에 내려 화살표 방향대로 이동한다면 제일 처음 만나는 곳은 K 그룹으로 현재는 남아 있는 유적은 거의 없지만 E, F로 연결되는 길과 풍경이 아름답다. A와 H도 대부분 훼손되어 흔적만 남아 있으며 A는 미선에서 아름답고 중요한 사원이 있었을 거라고 추정된다. 참 조각 박물관에 있는 7개의 링가는 A 그룹에서 발견된 것이다.

그룹 K

E, F 그룹

E 그룹은 가장 오랜 역사를 지닌 곳으로 복원 중이며 형태가 양호한 코사그라, 요니, 링가, 훼손된 난디 등을 볼 수 있다. 다낭의 참 조각 박물관에 있는 ❶ 두르가Durga, ❷ 가네샤Ganesha, ❸ 브라흐마의 탄생The birth of Brahma 등은 E에서 발굴된 것이다. F는 훼손 정도가 심하며 양철 지붕으로 덮여 있고 한쪽에 링가가 있다.

코사그라

TIP

알고 보면 더 잘 보이는 유적

고푸라Gopura : 사원 출입문
만다파Mandapa : 성소로 연결되는 통로
칼란Kalan : 접착제 없이 벽돌을 끼워맞춘 건축양식이 돋보인 중앙 성소
코사그라Kosagrha : 안장 모양의 지붕이 있는 신기를 보관하거나 제사 음식을 준비하는 곳

❶ 두르가
❸ 브라흐마의 탄생

❷ 가네샤

그룹 F

그룹 F

G 그룹

산스크리트 비석과 일부만 복원된 사원 등이 있지만 그 규모를 짐작할 수 있을 만큼 인상적이며 사원 벽면에는 키르티무카Kirtimukha(또는 칼라 Kala)가 새겨져 있다. 우리에게는 귀면으로 더 잘 알려진 키르티무카는 '영광의 얼굴'이라는 뜻이다. 전설에 따르면 시바 신이 자신의 아내를 달라고 한 불경한 괴물을 멸하려다 또 다른 괴물인 키르티무카를 만들어냈다. 분노 속에 탄생해 허기진 키르티무카는 시바의 명령으로 자신의 팔, 다리, 몸통을 먹어 치우고 결국 머리만 남게 되었다. 이를 지켜본 시바는 "너를 경배하지 않는 자는 나의 은총을 받지 못하리라"고 말하며 신전의 입구를 지키게 했다고 한다.

그룹 G

칼라

키르티무카

그룹 B

B, C, D 그룹

가장 많은 유적이 있는 곳으로 보존 상태가 그나마 양호하며 B 그룹에서는 성소, 요니, 시바 신을 상징하는 링가 등을 볼 수 있다. C에서 가장 높은 건물인 C1은 10~11세기에 지어진 것으로 시바 신이 모셔진 사원으로 추정되고 여기서 발견된 팔이 훼손된 시바 신상은 참 조각 박물관에 전시하고 있다. D 그룹의 D1과 D2에는 작은 박물관처럼 다양한 유물이 전시되어 있다.

시바

HOI AN DINING

호이안의 유명 맛집 총집합!

베트남 전통 요리 레스토랑

껌가 바부오이 Cơm Gà Bà Buội

이름에서 알 수 있듯이 베트남식 치킨라이스인 껌
가 전문점으로 50년이 넘는 역사를 자랑하는 로컬
식당이다. 비교적 저렴한 가격에 든든한 한 끼를
원한다면 한 번 가볼 만하다. 오픈 시간에도 가게
문이 닫혀 있는 경우가 종종 있고 테이블이 몇 개
없어 줄을 길게 늘어서 있는 경우가 많다.

📍 퍼 쓰어에서 도보 1분

🏠 22 Phan Chu Trinh

🕐 11:00~21:00

🍴 껌가 3만 5000 VND

모닝글로리 Morning Glory

11개의 레스토랑과 카페, 호텔까지 운영하는 30년 경력의 유명 셰프 미즈 비Ms. Vy가 2006년에 4번째로 오픈한 호이안에서 가장 유명한 레스토랑이다. 호안탄찌엔, 화이트 로즈, 반쎄오 등의 베트남 스트리트 푸드부터 전통 가정식 요리, 창작 요리까지 다양한 요리를 판매한다. 중앙에 오픈 키친이 있어 간단한 요리를 만드는 모습을 직접 볼 수 있다. 맞은편에 모닝글로리 2호점도 있다.

📍 올드 타운 초입, 내원교에서 도보 3분

🏠 106 Nguyễn Thái Học

🕐 10:00~23:00

🍴 화이트 로즈 8만 5000 VND, 호안탄찌엔 9만 5000 VND, 반쎄오 7만 5000 VND

홈 호이안 Home Hoi An

올드 타운 중심부의 2층 건물에 있는 베트남 전통 요리 레스토랑으로 고급스럽게 꾸며진 내부는 에어컨이 있어 시원하고 쾌적하다. 음식은 전반적으로 깔끔하고 맛이 있는 편인데 애피타이저로는 굴 요리가 유명하다. 인기가 많아 저녁 시간에는 예약을 하고 가는 것이 좋다. 다른 레스토랑에 비해 가격이 좀 비싼 편이고 음식 값에 10% 부가세와 5% 봉사료가 추가된다.

📍 내원교에서 도보 3분, 땀땀 카페 옆

🏠 112 Nguyễn Thái Học

🕐 13:00~23:00

🍴 굴 요리 13만 5000 VND, 오리고기 샐러드 10만 5000 VND

망고 룸스 Mango Rooms

투본 강의 아름다운 경치를 감상하며 식사를 하거나 맥주, 칵테일을 마시기 좋은 레스토랑이다. 호치민 출신의 셰프인 Mr. Duc은 세계를 여행하며 요리한 경험을 살려 동양과 서양의 요리법이 혼합된 퓨전 요리를 제공한다. 노란색 2층 건물의 내부는 컬러풀하게 꾸며져 있으며 해피 아워에는 맥주나 칵테일을 50% 할인된 가격에 마실 수 있다.

📍 내원교에서 도보 3분, 카고 클럽 옆

🏠 111 Nguyễn Thái Học

🕐 09:00-22:00(Happy Hour 17:00-19:00)

🍴 칵테일 12만 VND, 런치 3코스 38만 VND, 디너 3코스 48만 VND

리틀 파이포 레스토랑
Little Faifo Restaurant

19세기 초 도자기 예술가 집안의 고풍스러운 전통 가옥 2층에 있는 레스토랑으로 1층 입구 쪽은 카페와 갤러리, 중정은 바로 이용되고 있다. 스타터로 화이트 로즈, 까오러우, 호안탄찌엔, 반쎄오 등 베트남 전통 음식을 즐길 수 있으며 생선, 새우, 돼지고기, 쇠고기, 오리고기 등 다양한 메인 요리도 있으니 취향에 맞게 선택하면 된다. 2층 테라스 좌석에서 예쁜 등이 하나둘 밝혀지는 거리를 내려다보며 저녁 식사를 즐기기 좋다.

📍 내원교에서 도보 3분 🏠 66 Nguyễn Thái Học 🕐 09:00-22:00

🍴 반쎄오 12만 9000 VND, 타이거 프런 타마린드 29만 9000 VND

누 이터리 Nữ Eatery

좁은 골목에 있는 아담한 베트남 퓨전 요리 레스토랑이다. 메뉴는 스낵, 샐러드, 수프, 메인, 디저트, 음료로 나뉘며 와인도 다양하게 갖추고 있다. 퓨전 요리라 베트남 전통 요리를 기대하고 간다면 실망할 수도 있지만 요리들이 전체적으로 신선하고 맛있다. 에어컨이 없고 가게가 비좁은 편이라 인원이 여러 명이라면 불편할 수 있으며 현금 결제만 가능하니 미리 준비하자.

📍 내원교에서 풍흥 고가를 지나 골목으로 도보 2분

🏠 10A Nguyễn Thị Minh Khai

🕐 월~토요일 12:00-21:00, 일요일 휴무

🍴 포멜로 샐러드 6만 5000 VND, 라이스 껌 (치킨라이스) 9만 VND

바레 웰(베일 웰)
Bale Well

참 왕조 시대의 유서 깊은 우물, 바레 웰에서 이름을 딴 레스토랑이다. 메뉴는 돼지고기 꼬치구이인 넴느엉, 반쎄오, 스프링롤, 채소가 같이 나오는 세트 메뉴 단 하나이며 라이스페이퍼에 각종 재료를 싸서 소스에 찍어 먹으면 된다. 관광객은 가게 맞은편에 마련된 넓은 정원 좌석으로 안내된다. '베일우물'이라고 쓴 한국어 간판도 있다.

📍 퍼 쓰어 맞은편 골목으로 들어가서 오른쪽

🏠 45/51 Trần Hưng Đạo

🕐 10:00-21:00

🍴 세트 메뉴 1인 12만 VND, 각종 음료 1만 5000~3만 VND

비스 마켓 레스토랑
Vy's Market Restaurant

미즈 비Ms. Vy의 레스토랑 중 하나로 스트리트 푸드, 전통 이색 음식 등의 베트남 음식을 판매한다. 가운데 식사 공간을 두고 각각의 요리 코너가 둘러싸고 있는 푸드 코트 형태이며 아이패드에 사진과 같이 소개된 메뉴를 보고 골라서 직원에게 주문하는데 요리 종류가 많아 모두 기억하기 어려우므로 고른 메뉴는 적어두거나 휴대폰으로 찍어두는 것이 좋다.

📍 호이안 야시장 거리 초입

🏠 3 Nguyễn Hoàng

🕐 08:00-15:00, 17:00-22:00

🍴 화이트 로즈 9만 5000 VND, 반쎄오 콤보 14만 5000 VND

오리비
Orivy

호이안 출신의 오너가 어린 시절 어머니가 만들어주던 베트남 전통 가정식을 소개하고자 오픈한 레스토랑이다. 번화한 거리에서 벗어난 조용한 지역에 있는 가정집을 레스토랑으로 개조했으며 주변의 강과 바다에서 잡은 싱싱한 해산물과 짜꿰Tra Que 베지터블 빌리지에서 공수한 채소로 만든 요리들은 깔끔하고 맛있다. TV 여행 프로그램 '배틀 트립'에 소개된 후 한국인 관광객이 많이 찾는다.

📍 호이안 올드 타운 동쪽 메종 비 호텔Maison Vy Hotel에서 도보 3분

🏠 576/1 Cửa Đại

🕐 12:00-22:00

🍴 반쎄오 7만 3000 VND, 짜조(6개) 6만 7000 VND, 까오러우 7만 1000 VND

화이트 로즈 레스토랑

Nhà Hàng Bông Hồng Trắng

호이안의 명물 만두인 화이트 로즈의 원조인 곳으로 호이안에 있는 대부분의 레스토랑이 이곳에서 화이트 로즈를 납품받아 판매한다고 한다. 반바오반박 Bánh Bao Bánh Vạc(화이트 로즈)과 호안탄찌엔Hoành Thánh Chiên(프라이드 완탕) 2가지 메뉴만 판매하며 반반도 주문 가능하다. 한쪽에서는 가족들이 모여 하루에 3000개 이상의 화이트 로즈를 만들고 있다.

📍 화이트 로즈 스파 바로 옆 / 알마니티 리조트에서 도보 6분

🏠 533 Hai Bà Trưng

🕐 06:30-20:30

🍴 화이트 로즈 7만 VND, 호안탄찌엔 10만 VND

미스 리

Miss Ly

1993년부터 영업한 베트남 전통 요리 레스토랑이다. 대표 메뉴인 화이트 로즈, 호안탄찌엔 외에도 까오러우, 볶음밥 등 음식이 대체로 다 맛있다. 워낙 인기가 많은 레스토랑이라 식사 시간에는 대기가 기본이며 저녁 영업 시작 전부터 많은 사람들이 줄을 서서 기다린다. 5% 서비스 차지가 추가로 부과되고 카드 결제가 안 되니 현금을 준비하자. 바로 옆에 2호점이 있다.

📍 꽌꽁 사당 맞은편

🏠 22 Nguyễn Huệ

🕐 11:00-21:00(중간 휴식 시간 15:00-17:00)

🍴 화이트 로즈 6만 VND, 호안탄찌엔 10만 VND, 볶음밥 12~13만 VND

퍼 쓰어 Phố Xưa

미꽝, 분짜, 퍼 보 등의 쌀국수와 화이트 로즈, 호안탄찌엔을 착한 가격에 먹을 수 있는 베트남 요리 레스토랑이다. 우리나라 관광객이 많이 찾아 입구 옆에 '포슈아' 라고 한글로 적힌 간판도 있다. 향신료가 강하지 않은 편이라 베트남 요리에 익숙하지 않은 사람도 무난하게 먹을 수 있다. 테이블이 적은 소규모라 대기해야 하는 경우가 많다.

📍 쩐가 사당 및 도자기 무역 박물관에서 도보 2분 　🏠 35 Phan Châu Trinh

🕐 10:00-21:00 　🍴 미꽝 3만 5000 VND, 퍼 보 4만 5000 VND

스트리트 레스토랑 Streets Restaurant

고아와 극빈층 아이들을 위한 교육 프로그램을 진행하는 NGO 단체에서 운영 하는 곳으로 교육생들이 이곳에서 현장 경험을 쌓는다. 캐주얼한 분위기이며 점심시간에는 까오러우, 반쎄오, 반미 등 간단한 베트남 음식을 판매하고 저녁 시간에는 폭립, 치킨 커리 등의 메인 요리가 더해진다. 다른 곳보다 약간 더 비 싸지만 'good food helping good kids'라는 취지로 운영하는 곳이니 기회 가 되면 들러보면 좋다.

📍 쩐가 사당에서 도보 1분 　🏠 17 Lê Lợi

🕐 12:00-22:00

🍴 반쎄오 11만 VND, 반미 8~11만 VND, 폭립 18만 VND

호로꽌 Hồ Lô Quán

올드 타운 북쪽에 있는 베트남 요리 전문 레스토랑으로 인테리어는 평범하지 만 요리가 전반적으로 다 맛있다. 메뉴 종류가 엄청 많지만 카테고리별로 나뉘 어 있고 영어 메뉴가 있어 고르기 어렵지 않다. 우리나라 관광객에게 가장 인 기 있는 메뉴는 밥이 곁들여 나오는 타마린드 소스 새우 요리, 반쎄오, 스프링 롤이다. 음식이 늦게 나올 수 있으니 붐비는 시간은 피해 가는 것이 좋다.

📍 알마니티 리조트에서 도보 3분

🏠 20 Trần Cao Vân

🕐 11:00-23:00

🍴 스프링롤 7만 5000 VND, 타마린드 소스 새우 요리 10만 5000 VND

퍼 리엔 Phở Liến

아직 우리나라 사람들에게 잘 알려지지 않은 로컬 쌀국수 집으로 현지인들이 아침 식사를 하러 많이 가는 곳이다. 전형적인 로컬 식당이라 허름하지만 쌀국수 맛은 최고다. 메인 메뉴는 쇠고기 쌀국수인 퍼 보 하나이며 고수를 넣기 원한다면 별도로 요청해야 한다. 국물에서 약간 단맛이 나기 때문에 얼큰한 맛을 좋아한다면 고추를 몇 개 넣어 먹으면 된다.

📍 쩐가 사당에서 판 처우 찡Phan Châu Trinh 거리 맞은편으로 도보 1분
🏠 25 Lê Lợi
☎ +84 90 654 3011
🕐 10:00-18:00
🍴 퍼 보 4만 VND

안 지아 코티지 An Gia Cottage

가족이 경영하는 아늑한 분위기의 오가닉 레스토랑이다. 짜꿰 베지터블 빌리지와 호찌민에서 공수한 유기농 채소로 요리하며 슬로푸드를 지향한다. 칠판에 따로 추천 메뉴가 적혀 있는데 특히 까오러우와 매콤 달콤한 소스를 뿌린 오징어순대 비슷한 프라이드 스터프트 스퀴드Fried Stuffed Squid가 맛있다. 끄어다이 비치 근처에 숙박한다면 꼭 들러야 할 레스토랑이다.

📍 끄어다이 비치의 팜 가든 리조트 근처
🏠 93 Lạc Long Quân
☎ +84 235 3666 400
🕐 월~토요일 11:00-22:00, 일요일 17:00-21:00
🍴 프라이드 스터프트 스퀴드 14만 9000 VND, 스프링롤 5만 9000 VND

169

마이 피시 레스토랑
Mai Fish Restaurant

호이안 올드 타운 투본 강가에 있는 카페 겸 레스
토랑으로 호찌민 출신의 셰프인 Mr. Duc이 망고
룸스와 함께 운영하는 곳이다. 호이안에서 수제 맥
주와 함께 반쎄오, 반미, 화이트 로즈 등 베트남 음
식을 만날 수 있다. 해산물 볶음면Mỳ Xào Hải Sản
이 가장 많은 사랑을 받고 있으며 칵테일, 와인 리
스트로 다양하게 구비되어 있고 쩨도 맛있다. 밤
이면 은은한 조명이 들어오는 야외 테이블이 더욱
인기다.

📍 내원교에서 도보 2분

🏠 45 Nguyễn Thị Minh Khai

🕐 11:00-23:00

🍴 해산물 볶음면 28만 VND, 화이트 로즈 9만
VND, 반미 7만 5500 VND, 쩨 7만 VND

카페 43 Cafe 43

카페가 아닌 조금은 허름한 로컬 식당이다. 비교적
저렴한 가격으로 베트남 음식을 맛볼 수 있는데
생맥주와 함께 현지 분위기를 느끼며 먹기에 좋다.
유리로 덮인 테이블에는 세계 각국에서 남긴 증명
사진과 메시지가 있는데 음식을 기다리면서 구경
하는 재미가 있다. 쿠킹 클래스도 운영하고 있으며
가게에서 직접 신청하거나 전화(+84 235 3862
587)로 예약하면 된다.

📍 피 반미에서 도보 3분

🏠 43 Trần Cao Vân

🕐 08:30-22:00

🍴 화이트 로즈 3만 8000 VND, 반쎄오 4만
1000 VND, 생맥주 3000 VND

너무 맛있어서 우열을 가릴 수 없다!
호이안 반미 3대 맛집

반미 *Bánh Mì*

프랑스 식민지 시대에 들어온 바게트 안에 고기, 햄, 채소 등의 속재료를 넣어 만든 베트남식 샌드위치. 지방에 따라 속재료가 약간씩 다르다.

피 반미 *Phi Banh Mi*

마담 칸, 반미 프엉과 함께 호이안 3대 반미 맛집으로 소문난 곳이다. 11개 반미 메뉴가 있는데 모든 재료에 아보카도까지 들어간 스페셜 반미가 가장 인기 있다. 달걀 & 치즈, 소시지 반미도 많이 먹는데 모든 반미 메뉴에 5000 VND을 내면 아보카도를 추가할 수 있다. 고수 대신 허브가 들어가는데 싫으면 미리 빼달라고 요청하자. 영어는 물론 한국어 메뉴판도 있어 어렵지 않게 메뉴를 고를 수 있다.

📍 알마니티 리조트에서 도보 5분
🏠 88 Thái Phiên
☎ +84 90 575 5283
🕐 07:00-20:00
🍴 달걀 & 치즈 반미 2만 5000 VND, 스페셜 반미 3만 5000 VND

마담 칸
Madam Khanh - The Banh Mi Queen

호이안 반미의 여왕이라 불리는 마담 칸 할머니가 운영하는 반미 맛집으로 TV 여행 프로그램 '배틀 트립'에도 소개되었다. 4종류의 반미 중 채소, 고기, 햄, 달걀, 파파야, 오이 등이 다 들어간 Mixed 반미가 가장 인기 메뉴다. 고수를 빼고 주문할 수 있고 매콤한 맛을 좋아하면 핫소스를 추가하면 된다. 재료가 떨어지면 일찍 문을 닫으니 저녁 전에 방문하는 것이 좋다.

📍 호이안 올드 타운 북쪽, 호이안 박물관에서 도보 3분
🏠 115 Trần Cao Vân
🕐 08:00-19:00
🍴 반미 2만 VND, 스무디 3만~3만 5000 VND

반미 프엉 Bánh Mì Phượng

호이안의 대표적인 반미 맛집으로 현지인과 관광객 모두에게 인기가 있어 항상 줄이 길게 늘어선다. 반미 종류가 12가지나 되는데 Mixed, Barbecue, Beef with egg가 가장 인기 있는 메뉴이고 고수를 싫어한다면 주문 시 미리 빼달라고 해야 한다. 내부에서 먹으려면 줄을 서지 말고 안으로 들어가 앉아서 주문하면 된다. 워낙 사람이 많고 복잡해 큰돈을 낼 경우 거스름돈을 제대로 받기 힘들기 때문에 잔돈을 준비하는 것이 좋다.

📍 쩐가 사당에서 도보 5분
🏠 2B Phan Châu Trinh
🕐 06:00-21:00
🍴 반미(Barbecue) 2만 VND, 반미(Mixed, Beef with egg) 각각 2만 5000 VND

호이안에서 맛보는 다양한 나라의 맛있는 요리들

인터내셔널 요리 레스토랑

더 힐스테이션 The Hill Station

2011년 베트남 북서부 소수민족의 도시 사파Sapa
에 처음 문을 연 곳으로 호이안, 하노이에도 지점
을 냈다. 호이안 지점은 올드 타운 동쪽 빛바랜 콜
로니얼 양식의 건물에 있는데 빈티지하면서도 고
풍스러운 내부 장식이 매력적이다. 치즈와 샤퀴테
리Charcuterie(하몽과 비슷한 돼지고기 가공육) 플
래터 혹은 바게트 위에 다양한 토핑을 얹은 크로
스티니Crostini에 와인을 곁들여 마시거나 호안탄
찌엔에 맥주를 마신다.

📍 꽌꽁 사당에서 도보 4분
🏠 321 Nguyễn Duy Hiệu
🕐 07:00-22:00
🍴 크로스티니 8만 5000 VND, 와인 1잔 9만
   5000 VND

나마스테 Nhà Hàng Ấn Độ Namaste

정통 인도 요리 레스토랑으로 호이안, 다낭, 나트
랑 등에 5개 지점이 있다. 베지테리언 커리부터 해
산물, 닭고기, 양고기 등 수십 가지 커리가 있어 취
향에 따라 골라 먹으면 되고 탄두리 치킨과 커다
란 사이즈의 쫄깃한 난도 맛있다. 실내 좌석은 에
어컨이 있어 시원하며 우리나라 관광객이 많이 찾
아 한국어 메뉴판도 있다.

📍 메종 비 호텔Maison Vy Hotel에서 도보 2분

🏠 441 Cửa Đại

🕐 10:30-22:30

🍴 난 2만 8000 VND~, 커리 8만 4000 VND~

믹스 레스토랑 MIX Restaurant

트립 어드바이저에서 꾸준히 상위권을 유지하고 있는 맛집으로 그리스 및 지중해 요리 전문 레스토랑이
다. 믹스 미트 및 믹스 시푸드가 인기 메뉴인데 2명이 1인분을 먹어도 될 정도로 양이 엄청 푸짐하니 샐러
드 등 다른 간단한 메뉴와 섞어서 주문하자. 친절한 주인아저씨가 식탁을 돌아다니며 손님을 일일이 챙긴
다. 한국어 메뉴판이 있으며 신용카드 결제는 안 되니 현금을 준비하자.

📍 내원교에서 운하를 따라 왼쪽 길로 도보 1분 　🏠 188A/5 Trần Phú

🕐 목~화요일 11:00-22:00, 수요일 휴무

🍴 페타 수박 샐러드 13만 VND, 믹스 미트 26만 VND, 믹스 시푸드 28만 VND

파인애플 Pineapple

베트남 음식에 질리고 화덕에서 갓 구운 피자가 생각난다면 가볼 만한 곳이다. 펜네, 뇨끼, 스파게티 메뉴도 있지만 도톰한 도우의 피자가 가장 인기 메뉴이며 퍼 보, 까오러우, 화이트 로즈, 스프링롤 등 베트남 전통 요리를 애피타이저로 주문해 먹을 수도 있다. 피자와 와인, 피자와 맥주 세트 메뉴를 할인가에 판매하며 포장도 가능하다.

📍 쩐가 사당에서 대각선으로 길을 건너 도보 2분

🏠 34 Lê Lợi

🕐 08:00~22:00

🍴 화덕 피자 14만 9000~16만 9000 VND, 맥주 2만 5000~2만 9000 VND

사무라이 키친 Samurai Kitchen

일본인이 운영하는 아담하고 깔끔한 일식집이다. 우동, 소바, 라멘, 돈가츠, 가라아케, 가츠동, 커리 등 일본식 가정식을 판매하는데 김치도 서비스로 나오고 모든 요리가 우리 입맛에 잘 맞는다. 손님을 세심하게 챙겨주는 친절한 서비스 또한 이곳의 인기 비결이다. 베트남 음식을 잘 먹지 못하는 아이들이나 부모님과 함께 여행한다면 꼭 들러보아야 할 맛집이다.

📍 호이안 시장 옆길로 도보 2분

🏠 09 Tiểu La

🕐 월~토요일 12:00-14:00, 17:30-21:00, 일요일 휴무

🍴 우동 12만 VND, 가라아케, 돈가츠 각각 12만 VND

더 케밥 쉑 The Kebab Shack

영국인 할아버지와 베트남 아주머니가 운영하는 맛집이다. 메인 메뉴인 케밥을 비롯해 버거, 샌드위치, 영국식 파이 등을 판매하며 소시지와 프라이드 에그, 해시 브라운 포테이토, 토스트 등이 포함된 풀 잉글리시 브렉퍼스트(10만 VND)를 먹으러 일부러 찾아오는 사람들도 있다. 맛있고 양도 푸짐한 데다 가격까지 저렴해 간식으로도 좋고 한 끼 식사로도 손색이 없다.

📍 피 반미와 마담 칸에서 도보 1분

🏠 38B Thái Phiên

🕐 10:00-21:00

🍴 케밥 & 칩스 6만 VND, 버거 & 칩스 9~12만 VND

굿모닝 베트남 Goodmorning Vietnam

베트남 최초의 이탈리아 레스토랑으로 1993년에 문을 열었다. 이탤리언 셰프가 요리하며 가격은 베트남 물가에 비해 비싸다고 느껴질 수 있지만 별미로 한 번쯤 가볼 만하다. 해산물이 들어가는 스파게티 알로 스콜리오 Spaghetti allo Scoglio를 추천한다. 한국어 메뉴판도 있지만 번역이 어색하고 라자냐도 라자네로 적혀 있으니 참고하자.

📍 스트리트 레스토랑에서 도보 1분

🏠 11 Lê Lợi, Phường Minh An

🕐 11:00~22:00

🍴 피자 15만 5000~20만 5000 VND, 스파게티 15만 5000~23만 5000 VND, 라자냐 25만 5000 VND

그릭 수블라키 Greek Souvlaki

그리스의 대표 음식 중 하나인 수블라키 전문점으로 주문하면 바로 그 자리에서 만들어주기 때문에 맛이 일품이다. 숯불에 구운 고기를 '피타'라고 하는 납작한 빵에 넣고 토마토, 양파, 오이 등을 같이 넣어 싸 먹는다. 돼지고기, 치킨, 쇠고기, 소시지, 채소 수블라키가 있어 취향대로 고르면 된다. 프렌치 프라이와 같이 먹어도 좋으며 테이크 아웃도 가능하다.

📍 더 케밥 쉑에서 도보 1분

🏠 Số 7 Thái Phiê

🕐 11:00~22:00

🍴 수블라키 5만 VND, 프렌치 프라이 4만 VND

서울 Seoul Korean Food & BBQ

한국에서 먹었던 맛에 결코 뒤지지 않는 제대로 된 한식을 먹을 수 있는 곳이다. 삼겹살부터 된장찌개, 해물 순두부, 비빔밥 같은 친근한 한식과 라면, 떡볶이, 김밥 같은 분식까지 다 접할 수 있다. 특히 한국에서부터 비행기로 공수한 직접 만든 된장으로 끓인 된장찌개가 일품. 한식이 그리울 때 입맛을 살려보면 좋을 듯하다.

📍 내원교에서 도보 3분

🏠 72 Nguyễn Thị Minh Kha

🕐 11:00~22:00

🍴 삼겹살 40만 VND(2인분), 된장찌개 16만 VND, 비빔밥 14만 VND, 떡볶이 10만 VND

향기로운 커피와 차, 그리고 분위기로 즐기는
호이안 인기 카페

호이안 로스터리 Hoi An Roastery

2015년에 첫 커피숍을 오픈한 이후 지금은 호이
안 올드 타운에만도 6개 지점이 있으며 리버사이
드 지점은 베트남 음식을 파는 비스트로도 운영
하고 있다. 이름에서도 알 수 있듯이 직접 로스팅
한 커피를 판매하는데 카페 쓰어다와 코코넛 아이
스크림 커피, 에그 커피 등의 베트남 커피가 인기
있다. 지점에 대한 좀 더 자세한 정보는 홈페이지
hoianroastery.com 참고.

📍 푸젠 회관 맞은편(Japanese Bridge점) /
　내원교에서 도보 2분(Temple점)
🏠 135 Trần Phú(Japanese Bridge점) /
　685 Hai Bà Trưng(Temple점)
🕐 07:00~22:00
🍴 카페 쓰어다 5만 5000 VND, 코코넛 아이스
　크림 커피 7만 5000 VND

에스프레소 스테이션
The Espresso Station

좁은 골목 안쪽에 숨어 있는데도 커피의 깊은 맛과 향으로 사람들의 발길이 끊이지 않는 곳이다. 투어 가이드로 일하던 베트남 청년이 가장 맛있는 유기농 커피를 만들려는 열정으로 시작한 카페로 코코넛 커피는 물론 전구 모양의 병에 담겨 나오는 콜드 브루와 얼린 커피 큐브에 뜨거운 우유를 부어 먹는 아이스 큐브 커피 등 다른 커피도 모두 맛있다.

📍 마담 칸에서 도보 3분

🏠 28/2 Trần Hưng Đạo

🕐 07:30~17:00

🍴 코코넛 커피 4만 5000 VND, 아이스 큐브 커피 6만 VND, 콜드 브루 7만 VND

리칭 아웃 티하우스
Reaching Out Teahouse

리칭 아웃 재단에서 운영하는 곳으로 청각 장애인들이 종업원으로 일하고 있다. 주문은 주문지에 연필로 표시하면 되고 'Hot Water', 'Ice', 'Bill' 등 주문 시 자주 쓰는 단어가 적힌 나무 블록이 테이블마다 놓여 있다. 떠드는 손님들이 없어 고가옥의 정취와 차향을 음미하며 조용한 시간을 보낼 수 있으며 3종류의 베트남 차나 커피를 맛볼 수 있는 테이스팅 세트를 추천한다. 이곳에서 사용하는 다기와 찻잔 등은 모두 리칭 아웃 아트 & 크래프트 공방에서 만든 것이다.

📍 내원교에서 도보 2분

🏠 131 Trần Phú

🕐 월~금요일 08:30-21:00, 토~일요일 10:00-20:30

🍴 커피 5만 7000 VND, 테이스팅 세트 13만 5000 VND

코코 박스 Coco Box

신선한 로컬 및 유기농 재료로 만든 주스, 스무디, 커피, 베이커리 등을 판매하는 카페로 호이안 올드 타운에 4곳의 지점이 있다. 주스는 콜드 프레스Cold Pressed 와 블렌드Blends 방식 중에서 선택할 수 있는데 이름만 봐서는 무슨 주스인지 모르니 이름 아래 쓰여 있는 재료를 확인하고 고르자. 유기농 잼, 코코넛 오일, 립 밤 등을 파는 팜 숍Farm Shop도 같이 운영하고 있어 선물이나 기념품을 구입하기에도 좋다.

📍 내원교에서 도보 5분 / 호이안 로스터리 센터 지점에서 도보 1분(1호점)

🏠 94 Lê Lợi(1호점)

🕐 07:00-22:00

🍴 주스 및 스무디 6만 9000~7만 9000 VND

파이포 커피 Faifo Coffee

호이안의 예전 이름인 '파이포'에서 이름을 딴 카페로 해발 1500m에서 재배되는 순수 아라비카 원두를 전통 방식으로 로스팅해 100년 전 맛을 재현해낸다. 호이안 올드 타운 거리가 굽어보이는 3층 루프톱 좌석이 인기 있으며 좁은 계단으로 올라가는 2층 내부 좌석도 나름대로 운치가 있다. 1층에서 주문하고 자리를 잡으면 위층까지 직접 서빙해준다.

📍 내원교에서 도보 4분 쩐푸 거리
🏠 130 Trần Phú
🕐 08:00-22:00
🍴 연유 커피 4만 5000 VND, 프라푸치노 6만 5000 VND

왓엘스 What Else

누 이터리, 로지스 카페와 같은 골목에 있는 카페 겸 레스토랑으로 다양한 마실 거리와 간단한 스낵, 베트남 요리 등을 판매해 식사와 음료를 원하는 대로 즐길 수 있다. 분위기도 좋고 음식도 맛있어 누 이터리를 찾아왔다가 우연히 방문한 사람들의 입소문으로 알려지기 시작했다. 실내 좌석과 야외 좌석이 있는데 날이 많이 덥지 않다면 야외 좌석에 앉는 것을 추천한다.

📍 누 이터리 레스토랑에서 도보 1분
🏠 10/1 Nguyễn Thị Minh Khai
🕐 수~월요일 09:00-21:00, 화요일 휴무
🍴 망고 라시 스무디 4만 5000 VND, 쌀국수 4만 5000 VND

로지스 카페
Rosie's Café

2명의 단짝 친구가 운영하는 카페로 '로지'라는 이름을 두 친구가 좋아하는 영화 '러브, 로지Love, Rosie'의 여주인공 이름에서 따온 것이다. 내원교에서 풍흥 고가 쪽의 좁은 골목 안쪽에 있는데 북적거리는 올드 타운에 비해 한가롭고 조용하다. 콜드 브루 커피, 주스 등의 음료를 비롯해 아보카도 토스트, 떠먹는 요구르트인 뮤즐리 볼 등의 올데이 브렉퍼스트 메뉴도 인기 있다.

📍 내원교에서 풍흥 고가 쪽으로 도보 2분 / 누 이터리, 왓엘스와 같은 골목

🏠 8/6 Nguyễn Thị Minh Khai

🕐 월~토요일 09:00-17:00, 일요일 휴무

🍴 콜드 브루 5만 VND, 아보카도 토스트 6만 VND, 뮤즐리 볼 5만 VND

핀 에스프레소 & 드립
Phin Espresso & Drip

좁은 골목에 자리하고 있지만 커피 맛이 좋기로 유명해 일부러 찾아오는 사람들이 많은 카페다. 달랏 지방에서 손으로 따서 신선하게 로스팅한 아라비카와 로부스타 원두를 믹스해서 커피를 만드는데 베트남 커피는 물론이고 사이폰, 에어로프레스 등 스페셜티 커피가 모두 맛있다. 가게와 이름이 같은 강아지 핀Phin도 반갑게 손님을 반긴다.

📍 파이포 커피 옆 골목 안쪽

🏠 132/7 Trần Phú

🕐 08:00-17:30

🍴 코코넛 커피 4만 9000 VND, 스페셜티 커피 6만 5000~8만 5000 VND

코코바나 티룸 Cocobana Tearoom

200년 이상 된 고택을 특색 있게 꾸며 만든 티룸으로 올드 타운 속에 숨어 있는 비밀의 정원 같은 곳이다. 입구만 보면 작아 보이지만 다기와 차를 판매하는 공간을 지나 들어가면 휴양지 느낌이 물씬 나는 엑조틱한 분위기의 안뜰과 고풍스러운 안채가 있다. 시원한 차를 마시며 따끈한 물에 발을 담그고 쉴 수 있는 차+족욕 콤보 메뉴가 있다.

📍 호이안 마켓에서 도보 1분

🏠 16 Nguyễn Thái Học

🕐 12:00-20:00, 월요일 휴무

🍴 망고 아이스티 7만 VND, 차+족욕 콤보 10만 VND

코틱 Cotic

120년 된 중국풍 목재 가옥을 개조해 2014년에 오픈한 곳으로 아트 갤러리와 기념품 상점, 카페가 함께 있다. 오래된 고택 내부에 전시된 베트남 작가들의 작품도 구경하고 베트남 각지에서 모은 독특한 수공예품 쇼핑을 즐긴 후에는 예쁜 중정에 있는 카페에 앉아 차 한잔을 마시며 평화로운 휴식을 만끽할 수 있다.

📍 민속 문화 박물관에서 도보 2분
🏠 60 Nguyễn Thái Học
🕐 09:00-21:00
🍴 커피 3~4만 VND, 주스 3~5만 VND

츄츄 주스 바 Chu Chu Juice Bar

호이안 올드 타운 중심부에 있어 오다가다 편하게 들를 수 있다. 커피보다는 과일 주스를 추천한다. 주스는 라임, 망고, 코코넛같이 한 종류의 과일만으로 만든 것부터 2~3가지를 믹스한 것까지 다양하게 선택할 수 있다. 핫케이크, 샌드위치 등도 있어 신선한 주스와 함께 간단한 식사도 가능하다.

📍 꽌탕 고가에서 도보 1분
🏠 74 Trần Phú
🕐 09:00-20:00
🍴 과일 주스 5만 VND, 혼합 과일 주스 6만 VND, 티 4~5만 VND

아름다운 야경과 낭만적인 분위기

호이안의 밤을 즐기기에 좋은 레스토랑 & 바

더 카고 클럽 The Cargo Club

유명 셰프 미즈 비의Ms. Vy의 테이스트 베트남 그룹Taste Vietnam Group이 운영하는 유러피언 스타일 카페 겸 레스토랑이다. 1층은 카페와 베이커리, 2층은 레스토랑인데 2층 테라스 좌석은 투본 강의 아름다운 야경을 감상하며 식사하기 좋아 경쟁이 매우 치열하다. 베트남 요리와 서양 요리, 예쁜 조각 케이크 등의 디저트를 판매하는데 다른 레스토랑보다 가격이 비싼 편이다.

📍 모닝글로리 맞은편 망고 룸스 옆
🏠 107-109 Nguyễn Thái Học
🕐 09:00-23:00
🍴 조각 케이크 6만 VND,
　 화이트 로즈 7만 5000 VND, 파스타 15만 5000~21만 5000 VND

비포 앤 나우 Before and Now

레스토랑과 카페, 바가 합쳐진 곳으로 올드 타운 중심에 있어 낮 시간에 식사를 하거나 저녁에 맥주나 칵테일을 한잔하러 들르는 사람이 많다. 에어컨이 있어 다른 곳보다는 시원하지만 문을 열어놓아 안쪽으로 앉는 것이 좋다. EPL 축구 경기를 시청할 수 있는 대형 TV, 포켓볼 당구대, 테이블 축구대 등이 있어 저녁에는 남자 손님들이 많다. 간판에 베트남어로 Xưa & Nay라고 크게 쓰여 있어 그냥 지나치기 쉽다.

📍 호이안 로스터리 센터 지점과 코코 박스 사이
🏠 51 Lê Lợi   🕐 08:30-23:30
🍴 해산물 볶음밥 9만 5000 VND, 새우 볶음 15만 VND

화이트 마블 와인 바 & 레스토랑
White Marble Wine Bar & Restaurant

간단한 안주와 함께 와인 한잔하기에 알맞은 분위기 좋은 와인 바 겸 레스토랑
이다. 각 나라 대표 와인 및 품종별로 다양한 와인을 갖추고 있고 와인 퀄리티
도 좋다. 안주로는 복주머니를 닮은 호이안 머니 백Hoi An Money Bags이 인기
이며 다양한 메뉴를 모두 맛볼 수 있는 테이스팅 플레이트나 빵과 같이 나오는
치즈 플래터를 주문하는 사람도 많다.

- 📍 응우옌 타이혹 거리와 레 러이 거리가 만나는 사거리
- 🏠 98 Lê Lợi
- 🕐 11:00-23:00
- 🍴 글라스 와인 13~18만 VND,
  테이스팅 플레이트(2인용) 27만 VND

더 샴록 아이리시 펍 호이안
The Shamrock Irish Pub Hoi An

투본 강이 한눈에 들어오는 오픈 테라스와 라이브 음악이 발길을 멈추게 하는
로컬 펍이다. 어두워지면 더욱 진가를 발휘하는 야외 테이블은 야경을 즐기며
시원한 맥주 한잔의 여유를 누리려는 사람으로 가득 찬다. 수제 맥주를 비롯해
칵테일, 소프트드링크, 커피 등 다양한 음료와 안주도 준비되어 있다.

- 📍 호이안 야시장에서 도보 2분
- 🏠 21 Nguyễn Phúc Chu
- 🕐 07:30-24:00
- 🍴 크래프트 비어 8만 5000~9만 5000 VND,
  칵테일 12만 VND

다이브 바
Dive Bar

2002년 세계 각지에서 모인 다이버와 스노클링 강사들이 모여 만든 참 아일
랜드 다이빙 센터Cham Island Diving Center에서 운영하는 시끌벅적한 분위
기의 바다. 저녁에는 밴드가 라이브 공연을 하고 당구대도 있어 친구들과 맥주
나 칵테일을 한잔하면서 흥겨운 시간을 보내기 좋다. 사과, 딸기, 체리 등 여러
가지 향의 물담배 시샤shisha를 피우는 사람도 많다.

- 📍 큐 바에서 도보 1분
- 🏠 88 Nguyễn Thái Học
- 🕐 10:00-24:00
- 🍴 맥주 3만 VND~, 칵테일 9만 5000 VND~, 물담배(50분) 12~15만 VND

HOI AN SHOPPING

리칭 아웃(호아녑)
아트 & 크래프트
Reaching Out(Hòa Nhập) Arts and Crafts

청각 장애인들이 기술을 배우고 좋은 직업을 가져 스스로 자립할 수 있도록 돕는 리칭 아웃 재단에서 운영하는 수공예품 상점이다. 액세서리, 차와 다기, 커피와 커피 잔, 침구, 주방 소품, 홈 데코 제품 등 다양한 상품을 판매하는데 베트남 물가를 고려하면 가격이 비싼 편이지만 디자인이 뛰어나고 고급스러워 기념품이나 선물로 구입하기에 좋다. 안쪽에 있는 공방에서는 장인이 수공예품 만드는 모습을 직접 볼 수 있다.

📍 내원교에서 도보 3분, 떤끼 고가 근처

🏠 103 Nguyễn Thái Học

🕐 월~금요일 08:30-21:30, 토~일요일 09:30-20:30

@ reachingoutvietnam.com

GAM 젬스톤 아트 뮤지엄 & 와인 바 GAM Gemstone Art Museum & Wine Bar

주얼리 숍과 젬스톤 박물관, 와인 바를 겸한 곳으로 강가의 노란색 콜로니얼 양식 빌딩에 자리 잡고 있다. 1층의 주얼리 숍에서는 밀라노에서 활약하는 Nga Duong이 디자인한 천연석 액세서리를 판매하는데, 디자인이 아름다우면서도 독특하다. 베트남 수집가인 Mr. Duong이 수집한 350여 개의 희귀한 원석과 조각품을 1층과 2층에 전시하고 있는 박물관은 2층에 올라가려면 5만 VND의 입장료를 내야 하지만 라운지에서 주류를 주문하는 손님은 무료로 방문할 수 있다.

📍 내원교에서 도보 2분, 안호이 다리 근처   🏠 130 Nguyễn Thái Học

🕐 **숍** 09:30-23:00, **박물관** 09:00-18:00, **라운지** 18:00-24:00, **가든 와인 바** 09:00-24:00   @ www.gam-hoian.com

메티세코 Metiseko

프랑스 디자이너가 만든 패션 브랜드로 실크와 오
가닉 코튼이라는 천연 소재와 베트남의 전통과 자
연에서 영감을 받은 유니크한 디자인으로 유명하
다. 여성복과 남성복은 물론 가방, 액세서리, 홈 웨
어까지 다양한 제품을 판매하는데 가장 인기 있는
쇼핑 품목은 원피스와 스카프다. 베트남 물가에 비
해 가격이 비싸긴 하지만 고급스럽고 품질이 뛰어
나 구입한 사람들의 만족도가 높다. 올드 타운 쩐
푸 거리에 내추럴 실크와 오가닉 코튼, 2개의 매장
이 나란히 있고 호찌민에도 매장이 있다.

📍 내원교에서 쩐푸 거리를 따라 도보 2분

🏠 140~142 Trần Phú

🕐 08:30-21:30

@ metiseko.com

버팔로 Buffalo (꼰 쩌우 Con Trâu)

호이안 가죽 거리에 있는 인기 상점으로 신발과 가
방, 가죽 재킷까지 다양한 가죽 제품을 맞춤 구입
할 수 있다. 직원들도 친절하고 원하는 디자인과
색으로 꼼꼼하게 맞춰줘서 고객 만족도가 높다. 맞
춤 제품은 하루 정도 소요되는데 호이안 내에 있는
숙소로 배송을 받을 수도 있다. 선물용으로 가죽
지갑 등의 소품을 구입하기에도 좋다.

📍 쩐푸 거리 호이안 시장에서 도보 1분

🏠 22 Trần Phú

🕐 08:30-21:00

선데이 Sunday

베트남과 동남아시아 각지의 수공업자들이 천연 소재로 만든 공예품을 판매하는 상점이다. 가구, 침구, 주방 용품, 인테리어 제품, 가방, 의류 등 다양한 제품을 판매하는데 단순하면서도 세련된 디자인이 돋보인다. 호이안 올드 타운에는 쩐푸 거리와 응우옌 타이혹 거리에 2개의 매장이 있는데 특히 쩐푸 거리에 있는 매장은 구경하는 것만으로도 기분이 좋아지는 예쁜 인테리어로도 유명하다.

📍 쩐푸 거리 꽌탕 고가 옆

🏠 76 Trần Phú(쩐푸점) / 25 Nguyễn Thái Học(응우옌 타이혹점)

🕐 09:00~21:00

@ www.sundayinhoian.com

블룸 Bloom

호이안 시내 북쪽에 있는 아담한 상점으로 기념품과 리넨 의류 등을 판매하며 카페도 겸하고 있다. 인기 있는 상품은 베트남산 허브 차와 커피, 마루 Marou 초콜릿, Sapo 천연 비누와 코코넛 오일 등이다. 특히 Sapo 제품은 비누, 보디 제품, 100% 천연 모기 기피제까지 다른 곳에는 없는 다양한 제품을 갖추고 있다. 궁금한 점이 있으면 친절한 직원에게 도움을 청하자.

📍 반미 맛집 마담 칸에서 도보 1분

🏠 107 Trần Cao Vân

🕐 09:00~21:00

@ www.bloomhoian.com

HOI AN
BEST SPA & MASSAGE

팔마로사 스파 Palmarosa Spa

호이안에 있는 스파 중 우리나라 관광객에게 가장 큰 인기를 누리는 곳으로 깔끔하고 고급스러운 시설과 친절하고 전문적인 서비스로 유명하다. 웰컴 티를 마시며 마사지의 종류와 오일을 선택하고 한 글로 적혀 있는 질문지에 개인적인 요청 사항 등을 표시한 후 마사지를 받게 되는데 테라피스트들이 잡담도 하지 않고 성심성의껏 마사지를 해준다. 인기가 많은 곳이라 예약이 필수인데 홈페이지 또는 이메일로 예약하거나 근처에 숙박한다면 직접 방문해서 예약할 수도 있다.

📍 호이안 올드 타운 북쪽, 알마니티 리조트에서 도보 10분

🏠 48 Bà Triệu

🕐 10:30-21:00

@ www.palmarosaspa.vn

VND Stress Relief(60분 / 90분) 38만 VND / 55만 VND, Palmarosa Signature Therapy(100분) 62만 VND

마이 치 스파 My Chi Spa

알마니티 리조트 부속 스파로 마사지는 물론 요가, 명상 등을 통한 종합적인 웰빙 프로그램을 제공한다. 동양적인 신비로운 분위기의 고급스러운 스파 시설은 40개의 트리트먼트 룸과 사우나, 실내 풀, 요가 룸 등으로 구성되어 있다. 리조트 숙박객이 아닐 경우에는 가격이 좀 부담스러울 수 있지만 리조트 숙박객은 매일 90분의 스파 프로그램(마사지 40~50분 & 스팀 사우나)을 무료로 이용할 수 있다.

📍 호이안 올드 타운 북쪽, 알마니티 리조트 내

🏠 49 Nguyễn Công Trứ

🕐 06:30-22:00(스파 트리트먼트는 09:00~)

@ mychispa-hoian.com

VND Bamboo Hero Massage(90분) 175만 VND

라 루나 스파 La Luna Spa

규모가 크지 않지만 내부가 고급스럽게 꾸며져 있으며 직원들도 친절하다. 보디, 페이셜, 네일 케어 등의 메뉴가 있는데 한국어 메뉴도 있어 고르기가 어렵지 않다. 가장 인기 있는 것은 2명의 테라피스트가 같이 마사지를 해주는 포핸즈 마사지다. 비수기에는 보디 마사지를 하면 네일이나 페디큐어를 무료로 제공하는 이벤트도 한다. 마사지 압이 약한 편이라 강한 마사지를 원할 경우 미리 요청하는 것이 좋다.

📍 호이안 올드 타운 북쪽, 빈훙 라이브러리 호텔 맞은편
🏠 111 Bà Triệu
🕐 10:00~22:00
@ www.lalunaspa.com.vn
VND Relaxing with Four Hands Massage(60분) 68만 VND

라 시에스타 스파 La Siesta Spa

라 시에스타 리조트 내에 있는 스파로 시내의 다른 마사지 숍보다 가격은 비싸지만 최고급 시설과 전문 테라피스트들의 수준 높은 마사지와 서비스를 누릴 수 있는 곳이다. 전문적인 스파를 받을 수 있는 곳이니만큼 기본적인 마사지보다는 핫스톤이나 허벌 테라피 등의 메뉴가 더 인기 있다. 라 시에스타 리조트에 숙박한다면 약간의 요금을 추가해 60분 스파 서비스가 포함된 상품을 예약하자. 하노이에도 4개 지점을 운영하고 있다.

📍 호이안 올드 타운 서쪽, 라 시에스타 리조트 내
🏠 132 Hùng Vương
🕐 09:00~21:00
@ lasiestaresorts.com/la-siesta-spa
VND Herbal Therapy(60분/90분) 90만 VND / 125만 VND

화이트 로즈 스파 White Rose Spa

규모가 크거나 고급스럽지는 않지만 깔끔한 시설과 친절한 서비스로 인기를 얻고 있는 마사지 숍이다. 매니큐어, 페디큐어 등의 손발톱 관리 서비스도 제공하고 있어 마사지와 네일 관리를 한꺼번에 받을 수 있다. 마사지 압이 강한 것을 선호한다면 남자 테라피스트에게 마사지를 받을 수도 있다. 홈페이지 또는 이메일, 전화로 미리 예약하고 가는 것이 좋다. 숙소가 좀 멀다면 픽업 서비스를 요청할 수도 있다.

📍 호이안 올드 타운 북쪽, 화이트 로즈 레스토랑 옆
🏠 529 Hai Bà Trưng
🕐 09:30~22:00   @ spa.whiterose.vn
VND Asian Blend Body Therapy(60분) 35만 VND, White Rose Spa
Signature(80분) 50만 VND

호이안 추천 호텔

아난타라 호이안 리조트
Anantara Hoi An Resort ★★★★★

호이안 올드 타운 동쪽 강변에 있는 럭셔리 리조트로 프렌치 콜로니얼 양식과 베트남 전통미가 조화를 잘 이루고 있다. 모든 객실은 침실과 거실 공간이 구분되어 있으며 객실 입구에 놓인 데이 베드는 휴양지 느낌을 더욱 살려준다. 야자수로 둘러싸인 아담한 수영장이나 스파에서 편안하게 쉬어도 좋고 자전거를 빌려 투본 강을 따라 신나게 달려보아도 좋다. 다양한 요일별 액티비티도 진행하니 미리 전날 확인해 마음에 드는 프로그램은 놓치지 말자.

🏠 1 Phạm Hồng Thái
☎ +84 235 391 4555
@ hoi-an.anantara.com
$ 디럭스 발코니 $208, 디럭스 가든 뷰 스위트 $238, 디럭스 리버 뷰 스위트 $267
🏊 수영장, 스파, 키즈 프로그램, 액티비티(전통 등 만들기, 쿠킹 클래스, 리버 크루즈 등)

호텔 로열 호이안 엠갤러리 바이 소피텔
Hotel Royal Hoi An MGallery
by Sofitel ★★★★★

무역항으로 번성했던 호이안의 모습과 당시 일본 인 상인과 베트남 공주의 사랑 이야기에서 영감을 받아 지은 호텔이다. 밝은 노란색 외관에 전통적인 문양과 모던함이 묻어난 인테리어, 호이안 최초의 하이엔드 일식당, 아르누보 양식의 수영장까지 화 려하고 우아한 분위기가 모두 황금기의 호이안을 연상케 한다. 투본 강과 마주하고 있으며 올드 타 운도 도보 10분이면 갈 수 있어 관광하기에도 편 리하다. 단, 어린이를 위한 시설이 딱히 없기 때문 에 가족 여행보다는 커플이나 친구 여행에 더 알 맞다.

- 🏠 39 Đào Duy Từ
- ☎ +84 235 3950 777
- @ hotelroyalhoian.vn
- $ 디럭스 $188, 그랜드 디럭스 $217, 로열 디 럭스 $247
- ⚲ 루프톱 바, 수영장, 스파, 사우나, 자쿠지, 피트 니스 센터

라 시에스타 리조트 & 스파
La Siesta Resort & Spa ★★★★

고급스러운 시설과 합리적인 가격으로 인기를 누 리던 에센스 호텔이 신관을 확장하며 라 시에스타 리조트로 거듭났다. 넓고 쾌적한 객실은 디럭스와 스위트로 나뉘는데 디럭스 룸은 구관, 스위트 룸은 신관에 있으며 각각 수영장과 조식당이 딸려 있다. 잘 가꾼 정원은 아담한 규모의 리조트와 조화를 이루어 산책의 재미를 더하며 만족도 높은 라 시 에스타 스파와 친절한 직원들은 이곳의 인기 비결 이다. 올드 타운까지는 약 1km 남짓 떨어져 있는 데 무료 셔틀을 이용하거나 자전거를 빌려서 다닐 수 있다.

- 🏠 132 Hùng Vương
- ☎ +84 235 3915 915
- @ lasiestaresorts.com
- $ 디럭스 $115, 디럭스(스파 60분 포함) $129, 그랜드 스위트 $152
- ⚲ 수영장(일반 풀, 해수 풀), 스파, 쿠킹 클래스, 무료 셔틀(올드 타운, 안방 비치)

알마니티 호이안 웰니스 리조트
Almanity Hoi An Wellness Resort
★★★★

올드 타운 북쪽에 있는 리조트로 우리나라 관광객들에게 인기 있는 곳이다. 몸, 마음, 정신 휴양을 지향하는 곳인 만큼 객실 카테고리도 Spirit, Mind, Energy, Heart, Soul로 나뉜다. 아이보리 톤을 바탕으로 모던하면서도 전통적 요소를 더해 꾸며진 객실과 2단으로 디자인된 수영장은 호젓한 휴가를 보내기에 안성맞춤이다. 투숙객에게는 90분의 데일리 무료 스파가 제공된다.

🏠 326 Lý Thường Kiệt
☎ +84 235 3666 888
@ www.almanityhoian.com
$ 마이 스피릿 슈페리어 $194, 마이 마인드 타운 뷰 $204, 마이 소울 풀 뷰 $319
⤢ 수영장, 키즈 클럽, 뷰티 살롱, 스파(마사지, 사우나, 명상, 태극권, 요가 시설), 안방 비치 무료 셔틀

알레그로 호이안
Allegro Hoi An ★★★★

리틀 호이안 그룹에 속해 있는 호텔로 호이안 올드 타운 중심에서 도보 8분 소
요된다. 전통미가 곳곳에 녹아 있어 아늑한 분위기를 자아내며 조식 종류도 다
양하고 맛있다. 즉석에서 만들어주는 스프링롤 재료는 취향대로 고를 수 있으
니 고수를 못 먹을 경우 빼달라고 요청하자. 수영장은 작은 편이지만 키즈 풀
이 따로 있어 아이가 있을 경우 시간을 보내기에 좋다. 안방 비치의 더 데크하
우스까지 무료 셔틀도 운행한다.

🏠 86 Trần Hưng Đạo
☎ +84 235 3529 999
@ littlehoiangroup.com/allegro-hoi-an
$ 주니어 스위트 $101, 리틀 스위트 $133, 패밀리 스위트 $158
🏹 바, 레스토랑, 수영장, 키즈 풀, 콘퍼런스 룸, 스파, 기념품 숍, 무료 자전거
　 대여, 안방 비치 무료 셔틀

벨 메종 하나다 호이안 리조트 & 스파
Belle Maison Hadana Hoi An Resort & Spa ★★★★

호이안 올드 타운에서 1km 남짓 떨어져 있는 한적한 분위기의 리조트다. 올
드 타운까지 호텔에서 무료로 빌려주는 자전거를 타고 다니면 한결 편하지만
오토바이와 차는 항상 조심해야 한다. 3개의 건물이 이어져 있는 구조로 가운
데에 수영장이 있다. 객실은 특별한 장식 없이 깔끔한 편이며 조식도 알차게
나온다. 맛집 중 하나인 딩고 델리Dingo Deli가 리조트에서 도보 15분 거리에
있으니 산책 겸 다녀오거나 편하게 리조트로 배달을 시켜도 된다.

🏠 538 Cửa Đại
☎ +84 235 3757 666
@ www.bellemaisonhadana.com
$ 디럭스 발코니 시티 뷰 $56, 시니어 디럭스 발코니 풀 뷰 스파 포함 $74
🏹 바, 레스토랑, 스파, 수영장, 짐, 키즈 클럽, 투어 데스크, 비즈니스 센터, 무
　 료 자전거 대여, 안방 비치 무료 셔틀

아틀라스 호텔 Atlas Hotel ★★★★

나만 리트리트를 설계한 보 트롱 니야 건축 사무소의 디자인이 돋보이는 호텔
로 녹색 건축을 콘셉트로 하는 보 트롱 니야의 개성이 잘 드러나 있다. 마치 건
물에서 수목이 자라는 듯한 외관이 눈길을 끈다. 48개의 아늑하면서도 깔끔한
객실이 돋보이며 내원교에서 도보 7~8분 거리에 있어 관광하기에도 큰 부담
이 없다. 일찍 예약하면 슈페리어 시티 더블은 $30~40에도 숙박할 수 있다.

🏠 30 Đào Duy Từ
☎ +84 235 3666 222
@ atlashoian.com
$ 슈페리어 시티 더블 $40, 디럭스 더블 시티 뷰 $62
🏹 무료 자전거 대여, 안방 비치 무료 셔틀

란타나 부티크 호텔 호이안
Lantana Boutique Hotel Hoi An ★★★★

호이안 야시장 근처 안호이 섬에 있는 호텔로 란타나 리버사이드 호텔과 같이 2017년에 오픈했다. 넓고 깔끔한 객실과 공용 공간은 타일로 이국적인 느낌을 더했으며 친절한 직원들의 서비스도 인기의 비결이다. 올드 타운까지 도보로 이동할 수 있으며 안방 비치 북쪽의 전용 해변까지 무료 셔틀을 운행한다.

🏠 09 Thoại Ngọc Hầu ☎ +84 235 396 3999

@ www.lantanahoian.com

$ 슈페리어 $68, 디럭스 $78, 패밀리 스위트 $177

⚓ 스파, 수영장, 유료 쿠킹 클래스, 무료 주차장, 전용 비치 무료 셔틀

란타나 리버사이드 호이안 부티크 호텔 & 스파
Lantana Riverside Hoi An Boutique Hotel & Spa ★★★★

올드 타운에서 강변을 따라 도보 20분 거리의 투본 강변에 자리한 4성급 호텔로 2017년 5월에 문을 열어 깔끔한 객실과 시설을 자랑한다. 디럭스 객실을 제외하고 모두 강변 전망으로 3, 4층에 있는 객실이 덜 습하고 전망도 더 좋은 편이다. 72㎡의 패밀리 스위트는 최대 4인까지 숙박할 수 있다. 하루 6번 올드 타운 무료 셔틀도 운행한다.

🏠 52 Huyền Trân Công Chúa ☎ +84 235 393 7668

@ lantanariverside.com

$ 디럭스 $66, 리버사이드 스위트 $86, 패밀리 스위트 $172

⚓ 수영장, 스파, 올드 타운 무료 셔틀, 전용 해변 무료 셔틀, 무료 주차장

호이안 실크 마리나 리조트 & 스파
Hoi An Silk Marina Resort & Spa ★★★★

우리나라 여행객이 많이 찾는 곳 중 하나로 야시장이 열리는 안호이 섬 안쪽에 있다. 여러 고객 층을 고려한 객실은 디럭스 룸부터 단독 빌라까지 총 9개 카테고리로 나뉘며 계단식으로 수심이 구분된 수영장은 가족 여행객에게 인기가 많다. 심신의 균형에 초점을 맞춘 선다리Sundari 스파, 아담한 산책로, 조용히 휴식을 즐길 수 있는 끄어다이 비치 무료 셔틀 서비스 등도 눈여겨볼 만하다.

🏠 Số 74 Đường 18 Tháng

☎ +84 235 393 8888 @ www.hoiansilkmarina.com

$ 디럭스 $80, 디럭스 리버 뷰 $103, 디럭스 스파 $158, 패밀리 가든 뷰 빌라 $197

⚓ 수영장(메인 풀, 키즈 풀, 빌라 풀), 풀 바, 스파, 유료 쿠킹 클래스, 마리나 프라이빗 비치 레스토랑 무료 셔틀(끄어다이 비치), 주차장

호이안 실크 럭셔리 호텔 & 스파
Hoi An Silk Luxury Hotel & Spa ★★★★

올드 타운과 바로 인접한 가성비 좋은 호텔로 넓고 깨끗한 객실, 직원들의 친절한 서비스가 돋보인다. 로비 층에서 한 층 내려가면 레스토랑, 스파, 짐, 아담한 수영장이 있으며 투숙객에게 제공하는 스파 할인 쿠폰을 활용해 마사지를 받으며 휴식 시간을 가져봐도 좋다. 호텔 간판과 건물에는 'Hoi An Silk Boutique Hotel & Spa'라고 적혀 있으니 헷갈리지 말자.

🏠 14 Hùng Vương ☎ +84 235 3963 399

@ www.silkluxuryhotels.com

$ 슈페리어 $67, 디럭스 $81, 빌라 가든 뷰 $117

⚓ 스파, 사우나, 수영장, 실크 제품 기념품 숍, 유료 쿠킹 클래스, 안방 비치 무료 셔틀

호이안 리버 타운 호텔
Hoi An River Town Hotel ★★★★

깜낌 다리Cầu Cẩm Kim와 이어지는 안호이 섬 끝자락에 자리한 호텔로 야시 장까지는 도보 10분 남짓 소요된다. 디럭스 룸부터 듀플렉스 스위트까지 다양 한 타입의 객실이 있으며 패밀리 룸은 따로 없지만 커넥팅 룸이 있어 가족 여행에도 좋다. 크고 화려하지 않지만 무엇보다 친절한 서비스와 소박한 매력으로 인기를 얻고 있다. 올드 타운에서 가깝고 가성비 좋은 호텔을 찾는다면 두 루두루 만족할 것이다.

🏠 26 Thoại Ngọc Hầu ☎ +84 235 3924 924
@ rivertownhoian.com
$ 디럭스 $70, 주니어 스위트 $102, 듀플렉스 스위트 $137
🏊 수영장(성인 풀, 어린이 풀), 안방 비치 무료 셔틀(올드 타운 경유)

호이안 센트럴 부티크 호텔 & 스파
Hoi An Central Boutique Hotel & Spa ★★★★

내원교에서 도보로 10분 남짓 떨어진 곳에 자리한 호텔로 밝은 노란색으로 단 장한 외관은 조명이 켜지면 더욱 낭만이 흐른다. 총 108개 객실은 베트남 전통 미를 느낄 수 있게 꾸며져 있으며 기본 디럭스 룸도 40㎡로 넓은 편이다. 스파, 야외 수영장, 아담한 호텔 전용 해변 등의 편의 시설과 친절한 직원들이 편안 한 숙박을 책임진다.

🏠 91 Hùng Vương ☎ +84 235 395 9999
@ www.littlehoiancentral.com
$ 디럭스 $72, 패밀리(킹 베드+2층 침대) $120, 시그니처 스위트 $156
🏊 수영장, 풀 바, 스파 & 짐, 키즈 클럽, 호텔 전용 해변 무료 셔틀

호이안 히스토릭 호텔
Hoi An Historic Hotel ★★★★

올드 타운 북쪽, 호이안 박물관 근처에 있는 호텔로 올드 타운을 관광하기에 편리하다. 1991년에 오픈했지만 꾸준히 관리해 깔끔한 상태를 유지하며 비교 적 넓은 부지에 정원, 야외 수영장을 비롯해 다양한 부대시설을 갖추고 있다. 다양한 크기의 150개 객실을 보유하고 있어 친구, 커플, 가족 여행객 모두에게 괜찮다.

🏠 10 Trần Hưng Đạo ☎ +84 235 386 1445
@ hoianhistorichotel.com.vn
$ 슈페리어 $71, 주니어 스위트(스파 포함) $102, 그랜드 스위트(스파 포함) $187
🏊 수영장, 스파, 쿠킹 클래스, 키즈 클럽, 주차장, 끄어다이 비치 무료 셔틀

호이안 에인션트 하우스 빌리지 리조트 앤 스파
Hoi An Ancient House Village Resort and Spa ★★★★

호이안 올드 타운에서 차로 10분 거리의 한적한 농촌 마을에 있는 호텔로 조 용한 곳에서 쉬고 싶은 은둔형 여행자에게 알맞은 휴식처다. 야자수와 온갖 열 대식물이 우거진 정원과 샤워실, 화장실이 따로 구분되어 있는 널찍한 객실을 보유하고 있다. 호이안 올드 타운으로 가는 무료 셔틀을 자주 운행하며 안방 비치 셔틀도 있어 관광하기에 큰 불편함은 없다.

🏠 Thôn Thanh Đông, Xã Cẩm Thanh
☎ +84 235 3933 377
@ www.ancienthousevillage.com
$ 가든 뷰 슈페리어 $91, 가든 뷰 디럭스 $100, 풀 뷰 디럭스 $109
🏊 스파, 수영장, 쿠킹 클래스, 올드 타운과 안방 비치 무료 셔틀

메종 비 호텔
Maison Vy Hotel ★★★

올드 타운에서 도보 15분 정도 소요되는 작은 규모의 부티크 호텔로 테이스트 베트남 그룹Taste Vietnam Group의 오너인 미즈 비Ms. Vy가 집과 같은 편안함을 추구하며 2015년 가을에 오픈한 곳이다. 화이트를 기본으로 차분한 색상과 감각적인 디자인의 타일로 꾸민 공간은 세련된 분위기를 자아낸다. 세심한 서비스는 양보다 질에 더 중점을 둔 정갈한 조식에서 시작되어 오후 3시 30분~5시에 제공하는 하이 티 뷔페, 무료 셔틀버스, 저녁 때 객실에 마련해주는 족욕 서비스까지 이어진다. 커플이나 친구 여행에 더 적합하며 2박 이상 숙박할 경우 누릴 수 있는 혜택이 많아진다.

🏠 544 Cửa Đại
☎ +84 235 3862 231
@ tastevietnam.asia/maison-vy-hotel-in-hoi-an
$ 스탠더드 $83, 슈페리어 $99, 디럭스 $114, 슈페리어 로프트 $130
🏊 스파, 수영장, 풀 바, 하이 티 뷔페, 안방 비치 무료 셔틀

라루나 호이안 리버사이드 호텔 & 스파
Laluna Hoi An Riverside Hotel & Spa ★★★

투본 강변에 자리하고 있지만 내원교, 호이안 야시장이 도보 10분 미만 거리에 있어 중심에 있는 호텔을 고집하지 않는다면 괜찮은 선택이다. 예약할 때 가급적이면 수영장과 떨어져 있거나 2~3층에 있는 객실을 선택하자. 수영장과 연결된 룸은 자칫 소음과 프라이버시 침해로 불편할 수 있다. 미선 유적지, 바나 힐, 오행산, 후에 등이 포함된 20개가 넘는 코스의 유료 대절 차량 서비스가 있어 잘 활용하면 편하게 관광할 수 있다.

🏠 12 Nguyễn Du
☎ +84 235 3666 678
@ lalunahoian.com
$ 슈페리어 더블 $63, 럭셔리 리버 뷰 $101, 패밀리 커넥팅 리버 뷰 $163
🏊 바, 레스토랑, 스파, 수영장, 피트니스 센터, 무료 자전거 대여, 다낭 공항 유료 트랜스퍼 서비스($20~30)

젠 부티크 빌라 호이안
ZEN Boutique Villa Hoi An ★★★

소규모 부티크 호텔로 스탠더드, 디럭스, 슈페리어로 나뉜 객실은 총 9개뿐이지만 목재로 전통미를 살리고 화이트 톤으로 마감을 해 군더더기 없이 깔끔하다. 작지만 평화로운 분위기를 느낄 수 있어 조용히 쉬고 싶은 여행객에게 안성맞춤이다. 호이안 올드 타운까지 도보로 가기엔 버거우니 호텔 자전거로 이동하거나 그랩을 부르자.

🏠 87 Lý Thường Kiệt
☎ +84 235 3914 111
@ www.zenboutiquevillahoian.com
$ 스탠더드 $35, 디럭스 $48
🏊 수영장, 명상 수업, 무료 자전거 대여, 유료 투어 프로그램, 유료 공항 트랜스퍼 서비스

빈흥 1 헤리티지 호텔
Vinh Hung 1 Heritage Hotel ★★★

200년이 넘는 세월의 흔적이 담긴 고가를 개조한 빈흥 호텔의 시초로 내원교에서 도보 1분 거리의 올드 타운 중심에 있다. 전체 객실이 6개뿐이라 예약이 쉽지 않으며 20분의 발 혹은 어깨 마사지, 쿠킹 클래스, 보트 트립 등 약 7개의 무료 프로그램을 제공한다. 고가에 숙박한다는 특별함이 있지만 삐걱거리는 나무 바닥, 방음 시설, 어두운 객실 조명, 작은 에어컨 등 부족한 부분이 있으니 이 점을 잘 고려하여 선택하자.

🏠 143 Trần Phú   ☎ +84 235 3861 621
@ www.vinhhungheritagehotel.com
$ 스위트 $80, 헤리티지 스위트 $90
🏹 무료 보트 트립, 쿠킹 클래스, 빈흥 리버사이드 리조트 수영장 무료 이용

빈흥 에메랄드 리조트
Vinh Hung Emerald Resort ★★★

2012년에 4번째로 오픈한 빈흥 호텔 계열 리조트다. 올드 타운에서 도보 9분 정도 소요되는 안호이 섬에 있으며 호이안 야시장도 멀지 않아 밤까지 알차게 보낼 수 있다. 52개 룸은 정원, 수영장, 투본 강 전망으로 나뉘며 무료로 제공되는 보트 트립과 커피 수업 등은 미리 리셉션에 예약해야 한다. 오후 4시부터 1시간 동안 진행되는 로컬 스트리트 푸드 마켓에도 참여해보자.

🏠 127 Ngô Quyền   ☎ +84 235 3934 999
@ www.vinhhungemeraldresort.com
$ 디럭스 풀 뷰 $69, 에메랄드 디럭스 $91, 에메랄드 스위트 $113
🏹 정원, 스파, 수영장, 무료 보트 트립, 무료 로컬 스트리트 푸드 시식

하안 호텔
Ha An Hotel ★★★

소규모 빌라 같은 느낌의 호텔로 깔끔하게 정돈된 정원과 화려한 장식 없이 꽃으로 장식된 객실은 내추럴한 분위기를 자아낸다. 호이안 시장에서 도보 6분 거리에 있어 올드 타운 산책도 여유롭게 즐길 수 있다. 아직까지는 서양인 관광객이 더 많이 묵는 곳으로 맛있는 조식과 친근하면서도 편안하게 응대하는 직원들의 배려 덕에 우리나라 관광객들에게도 점점 인기를 얻고 있다.

🏠 06-08 Phan Bội Châu
☎ +84 235 3863 126
@ www.haanhotel.com
$ 스탠더드 $60, 슈페리어 $90, 디럭스 $100
🏹 수영장, 투어 데스크

코지 호이안 부티크 빌라
Cozy Hoi An Boutique Villas ★★★

내원교에서 도보 10~15분 소요되는 한적한 곳에 있는 아담한 크기의 빌라다. 호이안의 상징인 전통 등을 부조로 만들어 꾸민 17개의 객실 모두 발코니가 딸려 있다. 엘리베이터가 없고 수영장이 좀 작아 아쉽지만 가격적인 측면, 가족적인 분위기, 친절한 직원을 우선으로 꼽는다면 예약 후보에 올려봐도 좋다.

🏠 108/2 Đào Duy Từ   ☎ +84 235 3921 666
@ cozyhoianvillas.com
$ Sunset Cove (킹 혹은 트윈 베드) $49, Morning Glory (킹 베드) $65
🏹 수영장, 레스토랑

빌라 오키드 가든 리버사이드
Villa Orchid Garden Riverside ★★★

올드 타운을 벗어난 한적한 강변에 자리한 3층 높이의 빌라로 투본 강을 바라보며 조용히 쉴 수 있는 곳이다. 올드 타운까지는 강변을 따라 도보 20~25분, 차로 가면 7분 거리다. 가격 대비 널찍한 객실을 보유하고 있는데 디럭스 룸을 제외하고 그랜드 스위트와 패밀리 룸은 각각 70㎡, 80㎡다.

🏠 32 Huyền Trân Công Chúa
☎ +84 235 3666 088
@ www.villaorchidgarden.com
$ 디럭스 $54, 그랜드 스위트 $83, 패밀리 룸 $93
🏹 풀 바, 레스토랑, 수영장, 투어 데스크

리틀 타운 빌라
Little Town Villa ★★★

올드 타운 동쪽 끝에 있는 아담하고 예쁜 빌라다. 나무 바닥이 깔린 넓고 쾌적한 객실과 딱 필요한 메뉴로만 알차게 구성된 맛있는 아침 식사, 한낮의 더위를 피하기에 적당한 수영장도 좋지만 불편한 점이 없는지 수시로 확인하며 신경 써주는 친절한 직원들과 가족적인 분위기가 이 호텔의 최대 장점이다.

🏠 239 Nguyễn Duy Hiệu
☎ +84 235 3915 678
@ www.littletownvilla.com
$ 디럭스 $55, 패밀리 룸 $90
🏹 조식당, 수영장

선라이즈 프리미엄 리조트 호이안
Sunrise Premium Resort Hoi An

★★★★★

가족 여행뿐만 아니라 커플, 친구, 친목, 단체 등 여행의 목적이 어떠하든 누구나 편안하게 쉴 수 있는 전형적인 휴양 리조트다. 가장 인기 있는 것은 2개의 수영장으로 큰 규모의 메인 풀과 바다를 향해 직사각형으로 길게 나 있는 풀은 빠지지 않고 등장하는 포토 스폿이다. 수영장 앞으로 이어지는 바다는 수영 금지이며 전용 해변이 따로 있으니 그곳에서 휴식을 즐겨도 좋다. 모든 레스토랑은 민소매 차림으로 입장할 수 없으니 유의하자.

🏠 Âu Cơ, Cửa Đại ☎ +84 235 393 7777
@ sunrisehoian.vn
$ 디럭스 $205, 오션 디럭스 $238, 2베드룸 가든 빌라 $660
⚒ 스파, 수영장, 키즈 클럽, 전용 해변(Golden Sand Resort와 공동 사용), 호이안 유료 셔틀(1인 2만 5000 VND)

빈펄 리조트 & 스파 호이안
Vinpearl Resort & Spa Hoi An

★★★★★

2017년 봄에 오픈한 곳이라 깔끔하며 다낭 빈펄 리조트보다 모던한 인테리어로 꾸며져 있다. 193개의 디럭스, 스위트 객실 및 25채의 빌라를 보유하고 있는데 빌라는 3~5베드룸뿐이라 가족 여행객에게 알맞다. 호이안과 안방 비치로 가는 무료 셔틀도 운행해 관광하기에 편리하다. 다른 리조트들에 비해 규모가 큰 야외 수영장이 있지만 키즈 풀과 전용 해변이 없는 점이 아쉽다. 호이안 최초의 올 인클루시브 리조트인 빈펄 리조트 & 골프 남호이안도 있으니 호이안 숙박을 계획하고 있다면 눈여겨보자.

🏠 Block 6, Phuoc Hai, Cửa Đại
☎ +84 235 375 3333
@ www.vinpearl.com/resort-hoi-an
$ 디럭스 $223, 3베드룸 빌라 $817
⚒ 레스토랑, 스파, 수영장, 키즈 클럽, 안방 비치 무료 셔틀(하루 2회), 호이안 무료 셔틀(셔틀은 최소 4시간 전에 예약)

포시즌 리조트 더 남하이
Four Seasons Resort The Nam Hai ★★★★★

세계적인 럭셔리 호텔 그룹 포시즌의 리조트로 35만 ㎡의 부지에 그림처럼 펼쳐진 해변을 끼고 100채의 빌라가 들어서 있다. 포시즌만의 세련미와 베트남 전통미가 어우러진 빌라는 크게 빌라, 패밀리 빌라, 풀 빌라로 나뉘는데 기본 1베드룸 빌라 80㎡, 패밀리 빌라 104㎡, 1베드룸 풀 빌라 250㎡로 규모부터 남다르다. 풀 빌라는 5베드룸 빌라까지 있는데 버틀러 서비스를 비롯해 공항 왕복, 호이안과 다낭 시내 개별 차량, 애프터눈 티, 세탁 서비스 등이 제공된다. 최고급 스파 시설은 물론 온수풀을 포함한 3개의 수영장, 각종 지상 및 해양 스포츠, 쿠킹 아카데미 등 즐길 거리도 풍부해 휴양, 체험, 힐링 모두 만족시켜준다. 한국어를 할 줄 아는 직원이 상주해 있어 의사소통에도 불편함이 없다.

🏠 Block Ha My Dong B, Điện Bàn
☎ +84 235 394 0000
@ www.fourseasons.com/hoian
$ 1베드룸 빌라 $756, 1베드룸 풀 빌라 $1178, 2베드룸 풀 빌라 $2111
🏹 수영장(3개), 쿠킹 아카데미, 키즈 클럽, 스파, 테니스, 골프(차로 10분 거리), 해양 스포츠(바나나 보트, 제트스키, 윈드서핑, 카약 등)

빅토리아 호이안 비치 리조트 & 스파 Victoria Hoi An Beach Resort & Spa ★★★★

빅토리아 호텔 & 리조트 계열 중 하나로 호이안, 끄어다이 비치에 자리하고 있다. 주황빛 지붕의 나지막한 건물이 전통미를 물씬 풍기고 리조트 길이 예쁘게 잘 조성되어 있어 산책하는 재미가 있다. 객실 전망은 크게 리버, 가든, 오션 뷰로 나뉘며 주니어 스위트와 빅토리아 스위트는 독채라 좀 더 프라이빗하다. 휴양 리조트에서 중요한 요소 중 하나인 조식이 맛있어 만족도가 높은 곳이다. 호이안 무료 셔틀은 미리 예약하고 이용하는 것이 좋다.

🏠 Biển Cửa Đại ☎ +84 235 3927 040 @ www.victoriahotels.asia/en/hotels-resorts/hoian.html

💲 리버 뷰 $157, 가든 뷰 $176, 디럭스 $194

🏊 스파, 수영장, 전용 해변, 키즈 클럽, 투어 데스크, 기념품 숍, 액티비티(태극권, 배드민턴 및 세일링 보트, 카약, 서핑 등 해양 스포츠), 주차장, 호이안 무료 셔틀

아이라 부티크 호이안 호텔
Aira Boutique Hoi An Hotel ★★★★

울창한 야자수 숲이 우거진 부지에 자리한 예쁜 부티크 호텔로 안방 비치의 유명 레스토랑들과 인접해 있다. 20개 객실은 모두 발코니나 테라스가 있으며 오붓하게 둘이 숙박할 수 있는 디럭스 룸부터 최대 5인까지 잘 수 있는 듀플렉스를 보유하고 있어 커플, 친구, 가족 여행에 모두 알맞다. 수영장 옆 야외 공간에서 아침 식사를 즐기고 안방 비치에서 시간을 보내거나 호텔에서 진행하는 쿠킹 클래스에 참여해봐도 좋다.

🏠 Biển An Bàng, To 3, Khoi An Tan ☎ +84 235 392 6969

@ www.airaboutiquehoian.com

💲 디럭스 $120, 스위트 $160, 듀플렉스 스위트 $310

🏊 수영장, 유료 쿠킹 클래스

비나 비치 풀 빌라
Vina Beach Pool Villas ★★★★

30년 이상 어업에 종사했던 주인아저씨 부부가 직접 꾸미고 운영하는 빌라로 군더더기 없이 깔끔하고 안락한 6개의 객실이 있다. 2개의 2베드룸 방갈로는 97㎡로 성인 4명까지 숙박할 수 있고 4개의 디럭스 룸은 풀 뷰와 가든 뷰로 나뉜다. 한쪽에 아담한 수영장도 있으며 5분만 걸어가면 안방 비치의 유명 레스토랑들이 있어 위치도 나쁘지 않다.

🏠 Nguyễn Phan Vinh

☎ +84 1233 934 934

@ vinabeachvillas.com

💲 디럭스 가든 뷰 $90, 디럭스 풀 뷰 $110, 2베드룸 방갈로 $220

🏊 수영장, 로컬 피싱 투어

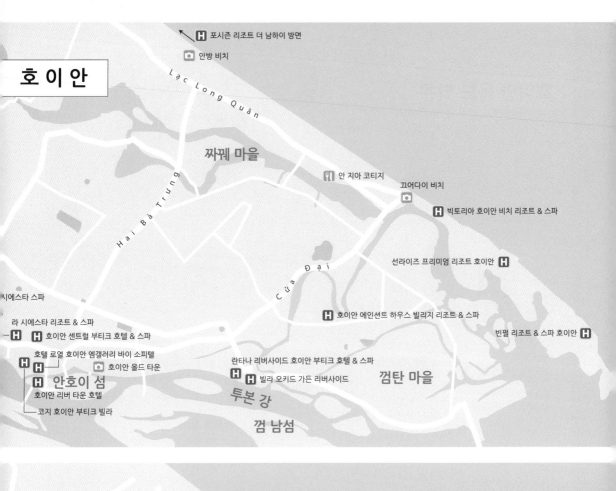

호 이 안

포시즌 리조트 더 남하이 방면

안방 비치

Lạc Long Quân

짜꿰 마을

Hai Bà Trưng

안 지아 코티지

끄어다이 비치

빅토리아 호이안 비치 리조트 & 스파

Cửa Đại

선라이즈 프리미엄 리조트 호이안

시에스타 스파

호이안 에인션트 하우스 빌리지 리조트 & 스파

라 시에스타 리조트 & 스파

호이안 센트럴 부티크 호텔 & 스파

빈펄 리조트 & 스파 호이안

호텔 로열 호이안 엠갤러리 바이 소피텔

호이안 올드 타운

란타나 리버사이드 호이안 부티크 호텔 & 스파

안호이 섬

빌라 오키드 가든 리버사이드

껌탄 마을

호이안 리버 타운 호텔

코지 호이안 부티크 빌라

투본 강

껌 남섬

안방 비치

안 방 비 치

더 데크하우스 안방 비치

Nguyễn Phan Vinh

소울 키친

아이라 부티크 호이안 호텔

더 흐몽 시스터즈

라 플라주

Hai Bà Trưng

돌핀 키친 & 바

비나 비치 풀 빌라

Lạc Long Quân

호이안 올드 타운

- 호이안 극장 (수상 인형극)

- 알마니티 호이안 웰니스 리조트
- 마이 치 스파

- 호로관

- 화이트 로즈 스파
- 화이트 로즈 레스토랑
- 카페 43

- 팔마로사 스파
- 피반미
- 더 케밥 쉡
- 신투어리스트
- 그릭 수블라키

Thái Phiên

Hai Bà Trưng

Lý

Nguyễn Trường Tộ

- 알레그로 호이안
- 라 루나 스파
- 마담 칸

- 에스프레소 스테이션
- 호이안 박물관

Trần Hưng Đ

- 호이안 실크 럭셔리 호텔 & 스파

- 굿모닝 베트남
- 검가 바
- 스트리트 레스토랑
- 바레 웰
- 껀가 사당

Phan Chu Trin

- 서울
- 매표소
- 블룸
- 로지스 카페
- 호이안 로스터리
- 핀 에스프레소 & 드립
- 파인애플
- 퍼 리엔
- 퍼 쓰아

- 왓엘스
- 누 이터리
- 풍흥 고가
- 믹스 레스토랑
- 매표소
- 파이포 커피
- 매표소
- 도자기 무역 박물관
- 츄츄 주스바

- 마이 피시 레스토랑
- 내원교
- 광동 회관
- 메티세코
- 호이안 로스터리
- 비포 앤 나우
- 아틀라스 호텔
- 싸후인 문화 박물관
- 리칭 아웃 티하우스
- 코코 박스
- 쩐 푸
- 판탕 고가
- 호이안
- GAM 젬스톤 아트 뮤지엄 & 와인 바
- 홈 호이안
- 득안 고가
- 리틀 파이포 레스토랑

Cao Hồng Lãnh

- 빈흥 1 헤리티지 호텔
- 모닝글로리
- 다이브 바
- 응우엔 타이 혹 거리 Nguyễn T
- 코틱
- 라루나 호이안 리버사이드 호텔 & 스파
- 안호이 다리
- 망고 룸스
- 코코 박스
- 화이트 마블 와인 바 & 레스토랑
- 더 카고 클럽
- 떤까 고가
- 박 당 거리 Bạch Đ
- 민속 문화 박물관
- 란타나 부티크 호텔 호이안
- 매표소
- 모닝글로리 II
- 리칭 아웃(호아넵) 아트 & 크래프트
- 호이안 야시장
- 비스 마켓 레스토랑 (쿠킹 클래스)
- 더 삼록 아이리시 펍 호이안

Nguyễn Phúc Tấn

Nguyễn Hoà

- 호이안 실크 마리나 리조트 & 스파
- 빈흥 에메랄드 리조트

안호이 섬

강

투

Gioan Cookery 📷
(쿠킹 클래스)

Lý Nam Đế

Thượng Kiệt

젠 부티크 빌라 호이안 🅗

Ngô Gia Tự

벨 메종 하나다 호이안 리조트 & 스파

🍴 오리비   메종 비 호텔 🅗

기안 히스토릭 호텔 🅗   나마스테

꾸어 다이 거리 Cửa Đại

Nguyễn Huệ

🍴 반미 프엉

미스 리   선데이   🅗 리틀 타운 빌라

🍴   📷 버팔로   🍴 더 힐스테이션   하안 호텔

관공 사당   🅗

나 티룸   🍴 사무라이 키친   Phan Bội Châu   🅗 아난타라 호이안 리조트
🅗 호이안 시장

Hoàng Diệu

Huyền Trân Công Chúa

껌난 다리   투 본 강

HUE

1802년부터 1945년까지 베트남 응우옌 왕조의 수도였던 후에
는 유네스코 세계 문화유산으로 지정된 황궁을 비롯해 티엔무
사원, 황제릉까지 중세 봉건 왕조의 화려했던 영광을 그대로 간
직하고 있는 고색창연한 도시다. 크게 왕궁이 있는 구시가와 신
시가로 구분되며 유명 관광 스폿들이 넓은 지역에 흩어져 있어
개별적으로 돌아보기가 쉽지 않다. 다낭에서 하루 정도 시간을
내서 다녀오려면 투어를 이용하는 것이 더 효율적이고 편하다.

후에
들여다보기

후에 왕궁 Hoàng Thành Huế
복원이 신행 중인 베트남 응우옌 왕조의 수도였던
후에의 왕궁

뜨득 황제릉 Lăng Tự Đức
풍류를 즐길 줄 알았던 뜨득 황제의 운치 있는 황릉

후에 여행자 거리
숙소, 레스토랑, 펍, 상점 등 여행자를 위한 각종 편
의 시설이 모여 있는 곳

카이딘 황제릉 Lăng Khải Định
동서양의 조화로운 건축미를 볼 수 있는 황릉

티엔무 사원 Chùa Thiên Mụ
후에를 상징하는 팔각 7층 석탑인 복연보탑이 있
는 유명한 사원

민망 황제릉 Lăng Minh Mạng
성군으로 추앙 받았던 민망 황제의 웅장하고 아름
다운 황릉

후에 왕궁

동바 시장

후에 여행자 거리

티엔무 사원

뜨득 황제릉

카이딘 황제릉

민망 황제릉

후에 시내 교통

택시 Taxi

후에는 아직 그랩이 보편화되지 않아 일반 택시를 이용해야 한다. 사설 택시는 피하고 마이린, 비나선 등 좀 더 믿을 만한 회사의 택시를 이용하는 것이 좋다. 어떤 택시를 이용하든지 미터 택시인지 확인하는 것은 필수다. 후에 기차역에서 신시가까지는 2~3km 떨어져 있어 10분 미만 소요되며 4만 VND 정도면 갈 수 있다.

쎄옴 Xe Ôm

오토바이 택시인 쎄옴은 베트남 현지인들의 주된 교통수단이지만 외국인이 타기에는 불편하고 사고 위험이 높다. 쎄옴 기사와 가격을 흥정해서 타야 하는데 의사소통이 잘 안 될 수 있으며 요금을 과다하게 받을 수 있다.

시클로 Xe Xích Lô

후에에서는 가급적 시클로 이용을 자제하자. 바가지요금이 심한 편이라 흥정에 자신이 없다면 택시를 이용하는 것이 낫다.

자전거 Xe Đạp

자전거를 대여해 다니는 여행자도 심심치 않게 볼 수 있는데 신시가에서 왕궁까지는 다닐 만하다. 단, 오토바이가 많으니 항상 조심해야 한다. 산악자전거는 하루에 $9~13, 일반 자전거는 $4 정도에 빌릴 수 있다.

• 후에 추천 일정 •   황제릉과 후에 구시가 1일 코스

• 날씨가 많이 덥거나 체력이 약한 경우 황제릉 중 두 곳만 둘러보는 것을 추천한다.
• 자유 일정이 아닌 투어로 갈 경우 좀 더 수월하게 다닐 수 있다.

다낭에서 후에 가는 방법

기차

다낭에서 후에로 이동할 때 무난하게 이용할 수 있는 교통수단으로 가격도 저렴하다. 다낭~후에 구간은 하루에 7회 정도 운행하며 2시간 30분~3시간 20분 소요된다. 요금은 좌석 종류와 출발 시간대에 따라 약간씩 달라지니 정확한 요금은 베트남 철도청 공식 사이트(dsvn.vn)에서 확인하자. 온라

좌석 종류	하드 시트Hard Seat	소프트 시트Soft Seat	6인실 침대칸	4인실 침대칸
다낭~후에 가격	약 5만 7000 VND	약 8만 2000 VND	약 9만 2000 VND	약 11만 9000 VND

• 다낭에서 후에로 갈 때 열차 진행 방향 오른쪽 창가에 앉으면 좀 더 멋진 해안 풍경을 감상할 수 있다.

@ dsvn.vn

인 예매도 가능하지만 한국에서는 할 수 없으며 베트남 발급 신용카드와 베트남 전화번호가 필요하다. 호텔 컨시어지 데스크에 예매를 부탁하거나 다낭 기차역에서 직접 티켓을 구매하자. 공식 철도청 사이트가 아닌 www.vietnamtrain.com이나 vietnam-railway.com 사이트는 가격이 3배 이상 비싸며 스케줄도 한정적이다.

버스

여러 현지 여행사 사설 버스나 승합차 등을 이용해 갈 수 있는데 신투어리스트 슬리핑 버스를 많이 이용한다. 신투어리스 버스 티켓은 웹사이트나 현지 사무실에서 구입할 수 있으며 출발 30분 전 사무실에 도착해 실물 티켓으로 교환해야 한다. 온라인으로 예매한 경우 예매 내역, 여권, 결제한 신용카드를 챙기자. 고급 밴을 운행하는 하브 트래블은 이메일 혹은 호텔 컨시어지 데스크에 부탁해 예약하면 된다. 버스는 각 현지 여행사 사무실에서 출발하니 위치와 출발 시간을 미리 확인해두자.

업체	시간	편도 요금	웹사이트
신투어리스트	다낭 → 후에 09:15, 14:30 후에 → 다낭 08:00, 13:15	1인 9만 9000 VND	www.thesinhtourist.vn
하브 트래블	다낭 ↔ 후에 각각 하루에 8편	1인 18만 VND	havtravel.vn
클룩	다낭 ↔ 후에 프라이빗 차량 서비스	3인승 5만 1000원~	www.klook.com

일일 투어

후에는 다낭에서 당일 투어로 다녀오는 경우가 많다. 여러 현지 여행사와 우리나라 여행 카페에서 후에 투어를 판매하는데 일정은 거의 비슷하다. 한국어가 가능한 가이드를 동반하는 투어도 있으며 가격은 조금 더 비싸지만 따로 단독 투어를 진행할 수도 있다. 투어에는 호텔 픽업, 드롭 오프 서비스가 포함된다.

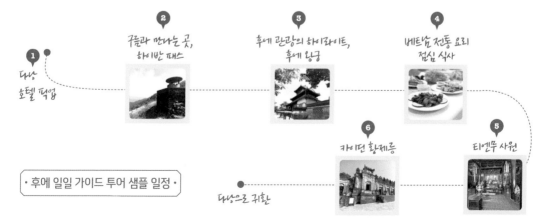

1 다낭 호텔 픽업

2 구름과 만나는 곳, 하이반 패스

3 후에 관광의 하이라이트, 후에 왕궁

4 베트남 전통 요리 점심 식사

6 카이딘 황제릉

5 티엔무 사원

다낭으로 귀환

• 후에 일일 가이드 투어 샘플 일정 •

213

HUE
TRAVEL HIGHLIGHT

후에 왕궁 Hoàng Thành Huế

후에 구시가지 안에 있는 또 하나의 성곽도시인 후에 왕궁(응우옌 왕조의 왕궁)은 구조와 모양이 중국의 자금성을 떠올리게 한다. 베트남 전쟁 때 폭격을 받아 많은 부분이 손상되어 아직도 복원 중이다. 왕궁 안에서는 전동 카트(최대 7명 승차 가능)가 유일한 교통수단이며 투어 프로그램을 이용할 경우에는 포함된 경우가 대부분이다. 자유 일정으로 방문할 경우 걸어서 관광하거나 따로 요금을 내고 전기 카트를 이용해야 하는데, 왕궁 부지가 넓고 날씨가 더워 전동 카트를 타고 다니는 것을 추천한다. 단, 패키지 여행 팀이 몰리면 전기 카트도 한참 기다려야 하니 이른 아침에 가는 것이 좋다. 옷차림도 주의해야 하는데 무릎 위로 올라오는 짧은 치마나 바지, 민소매는 삼가야 한다. 양산, 모자, 선글라스 등을 챙겨 가자.

📍 후에 시내에서 택시로 약 10분 소요

🏠 Phú Hậu, Thành phố Huế
　　매일 08:00-17:30(목요일은 22:00까지)

구분	어른	7~12세
왕궁 단독	15만 VND	3만 VND
왕궁+카이딘 황제릉+민망 황제릉	28만 VND	5만 5000 VND
왕궁+카이딘 황제릉+민망 황제릉+뜨득 황제릉	36만 VND	7만 VND

전동 카트 1대 요금 45분 44만 VND, 1시간 50만 VND　　전동 카트 1대 요금 45분 44만 VND, 1시간 50만 VND

TIP

전동 카트는 최대 6명까지 승차할 수 있으며 요금은 코스와 시간에 따라 15~50만 VND까지 다양하고 인원수와 상관없이 1대당 가격이다. 티켓 구입 후 오문을 지나 왕궁 내부에서 이용할 수 있다.

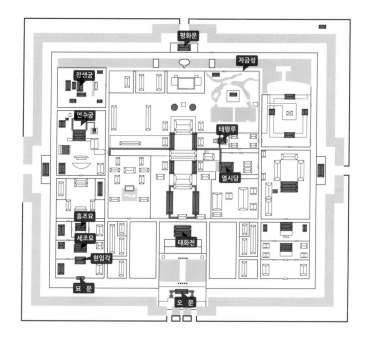

왕궁 앞에 있는 자롱 황제 때 만들어진
국기 게양대, 깃발 탑

아름다운 누각을 가진 황궁의 정문, 오문

황제의 즉위식 같은 행사가 열리던 태화전

3층의 아름다운 왕실 사원 현임각

현임각 앞에 있는 황제를 상징하는 9개의 청동화로

자금성 내에 있는 긴 복도인 장랑

종묘의 정문인 묘문

황제들의 위패를 모신 세조묘

동바 시장

Dong Ba Market | Chợ Đông Ba

동바 시장은 후에에서 가장 크고 역사가 깊은 재래 시장이다. 원래 있던 재래 시장이 1885년에 전쟁으로 전소되면서 동카인 황제가 1887년에 시장을 다시 짓고 '동바'라 불렀다. 원래는 후에 왕궁 근처에 있었지만 1889년에 지금의 장소로 옮겼으며 경제적으로 중요한 역할을 담당하고 있다. 과일, 채소, 건어물, 향신료 등 먹을거리는 물론 금은방, 공산품 가게, 옷, 원단, 모자, 신발, 장난감 등을 파는 곳과 식당 등 정말 없는 게 없지만 관광객이 쇼핑하기에는 힘든 편이다. 한 시장보다 길이 좁아 더 답답하게 느껴질 수 있고 시장 부지도 워낙 넓으며 안쪽으로 들어갈수록 복잡해진다. 과일, 기념품 정도는 살 만하지만 정신이 없어 오래 머물 수 없다.

📍 후에 왕궁에서 도보 15분 / 후에 시내에서 차로 7분

🏠 2 Trần Hưng Đạo

🕐 상점마다 다름

@ chodongba.com.vn

여행자 거리 Tourist Area

아담한 사이즈의 후에 여행자 거리는 디엠지 바DMZ Bar와 맞닿아 있는 레로이Lê Lợi 거리와 그 안으로 이어지는 팜응우라오Phạm Ngũ Lão 및 보티사우Võ Thị Sáu 거리가 연결된 지역이다. 호텔, 호스텔을 비롯해 바와 레스토랑, 여행사, 다양한 가게가 모여 있어 많은 여행객이 찾는다. 저녁이 되면 개성 넘치는 바는 여행의 아쉬움을 달래려는 여행객의 발길이 이어져 더욱 활기를 띤다.

📍 동바 시장에서 차로 7분

· 후에 근교 ·

티엔무 사원 Chùa Thiên Mụ

티엔무는 '하늘의 신비한 여인'이라는 뜻으로 건국 설화에 따르면 이 여인이 나타나 새 군주의 출현을 예언했고, 여인이 나타났던 자리에 사원을 세웠다고 한다. 21m 높이의 8각 7층 석탑과 종교 탄압에 저항하기 위해 소신공양을 했던 틱꽝득 스님이 호찌민까지 타고 갔던 자동차가 남아 있다. 지금도 스님들이 수양하는 사원이라 큰 소리로 떠들면 안 되고 아이와 간 경우 뛰어다니지 않도록 해야 한다.

📍 후에 시내에서 약 6km 떨어져 있어 자동차로 15분 정도 소요 🏠 Hương Hòa, Thành phố Huế 🕐 08:00-17:00 💲 무료

알고 보면 더 재미있는 황제릉

1   황릉의 기본 구성 요소는 사원, 무덤, 비각으로 황릉에 따라 어떤 곳은 분리, 어떤 곳은 통합되어 있으며 황릉마다 배치가 달라 비교하면서 보면 좋다.

2   대부분의 응우옌 왕조 황제들은 황릉 설계와 건설에 직접 관여했으며 완공된 황릉은 황제의 죽음과 함께 장례용으로 개조된 궁전으로 사용됐다.

3   황릉에서 가장 흔하게 볼 수 있는 장식은 장수와 복을 기원하는 문양이다.

장수   복

카이딘 황제릉 Lăng Khải Định

카이딘 황제릉은 친프랑스 정책을 썼던 12대 카이딘 황제(재위 1916~1925년)의 능으로 다른 황제릉과는 달리 황제의 유체가 안치되어 있다. 특히 황제의 묘역인 천정궁은 동양과 서양의 건축양식이 혼합되어 화려하고 섬세한 아름다움을 뽐낸다. 출입구인 용으로 장식된 3단 계단을 올라가면 콘크리트로 지어진 패방이 나온다. 패방을 지나 비각, 황제의 묘역인 천정궁, 황제의 유체를 안치한 계성전, 사진 전시실 등 순서대로 관람하면 된다.

찾아가기 후에 시내에서 약 10km 떨어져 있어 자동차로 약 25분 소요

📍 Khải Định, Thủy Bằng, Hương Thủy, Thừa Thiên Huế

🕐 매일 07:00-17:30

VND 성인 10만 VND, 7~12세 2만 VND

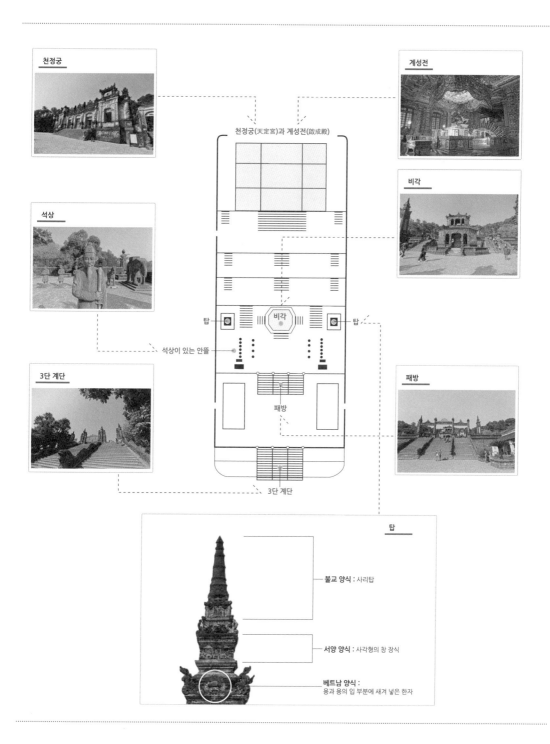

천정궁

계성전

석상

비각

3단 계단

패방

천정궁(天定宮)과 계성전(啟成殿)

탑   비각   탑

석상이 있는 안뜰

패방

3단 계단

탑

불교 양식 : 사리탑

서양 양식 : 사각형의 창 장식

베트남 양식 :
용과 용의 입 부분에 새겨 넣은 한자

뜨득 황제릉 Lăng Tự Đức

뜨득 황제는 응우옌 왕조의 4대 통치자로 재위 기간(1847~1883)이 가장 길었다. 다른 황릉과 달리 사당, 휴양을 즐겼던 곳, 묘역 등으로 구분되며 운치 있는 호수와 약 50여 개의 건물이 잘 어우러져 있다. 뜨득 황제는 재위 기간 동안 나폴레옹 3세의 침략, 무덤 건설로 강제 노역에 시달렸던 노동자들의 봉기 등 큰 사건을 치렀다. 설상가상으로 후사가 없던 황제는 그의 왕권을 대내외적으로 더 보여주기 위해 가장 크고 요새화된 황릉 겸 도피처를 건설한 것이다. 뜨득 황제릉의 건물과 호수는 웅장한 규모와는 달리 '겸손할 겸(謙)'자를 넣어 이름을 지었다. 남동쪽으로 난 출입문인 무겸문으로 들어가 호수와 화겸전, 양겸전 등을 본 후 황릉 쪽으로 발길을 돌리면 되는데 뜨득 황제의 시신은 다른 곳에 묻혀 있다고 전해진다.

📍 후에 시내에서 약 7km 떨어져 있어 자동차로 약 20분 소요 🏠 Thủy Xuân, Thành phố Huế, Thừa Thiên Huế ⏰ 매일 07:00-17:30 VND 성인 10만 VND, 7~12세 2만 VND

비각
약 20톤에 달하는 공적비가 있는 곳

황릉

화겸전, 양겸전
화겸전(和謙殿, Điện Hòa Khiêm)
: 황제와 황후의 위패를 모신 사당
양겸전(良謙殿, Lương Khiêm Điện)
: 황제 어머니의 위패를 모신 사당

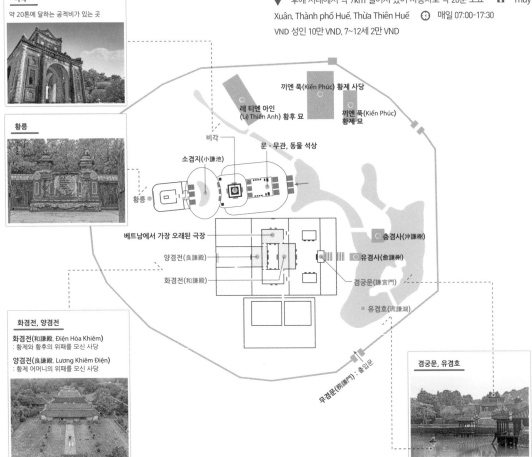

(지도 내 표기)
끼엔 푹(Kiến Phúc) 황제 사당
레 티엔 아인 (Lệ Thiên Anh) 황후 묘
끼엔 푹(Kiến Phúc) 황제 묘
비각
문·무관, 동물 석상
소겸지(小謙池)
황릉
충겸사(沖謙榭)
베트남에서 가장 오래된 극장
양겸전(良謙殿)
화겸전(和謙殿)
유겸사(愈謙榭)
겸궁문(謙宮門)
유겸호(流謙湖)
무겸문(務謙門): 출입문
겸궁문, 유겸호

민망 황제릉 Lăng Minh Mạng

민망 황제(재위 1820~1841년)는 응우옌 왕조의 제2대 황제로 베트남에서 성군으로 추앙받는황제다. 후에의 역대 왕릉 중 가장 아름답고 웅장한 민망 황제릉은 성벽에 둘러싸여 있으며 무덤이라기보다 하나의 큰 궁전처럼 잘 꾸며져 있다. 석상, 사당, 공적비, 왕릉, 패방, 출입문 등이 일직선상으로 놓여 있으며 왕릉 내부는 청동 문으로 굳게 닫혀 있어 볼 수 없다. 황제의 관이 안치됐을 때만 열렸던 대홍문은 이용할 수 없으며 좌홍문이나 우홍문으로 들어가 둘러보면 된다.

📍 후에 시내에서 약 12km 떨어져 있어 자동차로 25~30분 소요

🏠 Quốc lộ 49, Hương Thọ, Hương Trà, Thừa Thiên-Huế

🕐 매일 07:00-17:30　　VND 성인 10만 VND, 7~12세 2만 VND

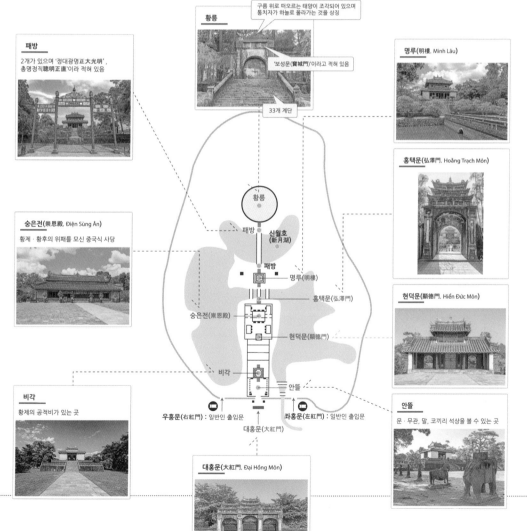

황릉
구름 위로 떠오르는 태양이 조각되어 있으며 통치자가 하늘로 올라가는 것을 상징
'보성문(寶城門)'이라고 적혀 있음

패방
2개가 있으며 '정대광명正大光明', '총명정직聰明正直'이라 적혀 있음

명루(明樓, Minh Lâu)

33개 계단

홍택문(弘澤門, Hoàng Trạch Môn)

숭은전(崇恩殿, Điện Sùng Ân)
황제 · 황후의 위패를 모신 중국식 사당

황릉

패방　신월호 (新月湖)

패방　명루(明樓)

홍택문(弘澤門)

현덕문(顯德門, Hiến Đức Môn)

숭은전(崇恩殿)

현덕문(顯德門)

비각

안뜰

비각
황제의 공적비가 있는 곳

우홍문(右紅門) : 일반인 출입문

대홍문(大紅門)

좌홍문(左紅門) : 일반인 출입문

안뜰
문 · 무관, 말, 코끼리 석상을 볼 수 있는 곳

대홍문(大紅門, Đại Hồng Môn)

하이반 패스와 랑꼬비치

Hai Van Pass | Đèo Hải Vân
Lang Co Beach | Bãi Biển Lăng Cô

후에와 다낭 사이에 있는 해발 500m의 하이반 패스는 베트남에서 가장 높고 경치가 좋은 고갯길 중 하나로 손꼽힌다. 바다가 바로 옆에 있어 안개와 같은 구름이 자주 끼는데 바다와 구름을 뜻하는 '하이반'이라는 이름이 여기서 유래했다고 한다. 하이반 패스 아래로는 랑꼬 비치가 있는데 랑꼬 베이는 하롱베이, 나트랑 베이와 더불어 '베트남의 아름다운 연안'으로 손꼽히기도 한다. 한적한 해변에서의 온전한 휴양을 꿈꾼다면 앙사나 랑꼬와 반얀트리 랑꼬를 눈여겨보자.

반얀트리

앙사나

앙사나

앙사나

리조트	앙사나 랑꼬 Angsana Lang Co	반얀트리 랑꼬 Banyan Tree Lang Co
설명	여행의 목적이 어떠하든 모두 만족할 수 있는 리조트로 이곳의 하이라이트는 굽이 굽이 펼쳐진 300m 길이의 수영장이다. 다채로운 액티비티 프로그램도 마련되어 있어 활동가들에게 사랑받고 있다. 반얀트리 그룹에서 지은 리조트라 반얀트리 랑꼬의 시설도 이용할 수 있는데 두 리조트 간은 버기카를 타고 이동하면 된다. 반얀트리 레스토랑을 이용할 계획이면 리셉션을 통해 미리 예약하자.	긴 설명이 필요 없는 독보적인 스파를 자랑하는 리조트로 자연 속에 숨어든 풀 빌라는 누구의 방해도 받지 않고 쉴 수 있는 구조라 오롯이 휴양에 집중할 수 있다. 아름다운 자연을 품은 리조트 안을 누비다 보면 비밀스러운 안락함도 느낄 수 있다. 앙사나 랑꼬보다 로맨틱한 분위기여서 커플에게 더 인기가 많다.
요금	가든 발코니 킹 그랜드 $139 시 뷰 주니어 풀 스위트 $213 비치프런트 1베드 스위트 $277 비치프런트 풀 스위트 $416	라군 풀 빌라 $473 비치 풀 빌라 $704 비치프런트 1베드 시 뷰 힐 풀 빌라 $773 비치프런트 2베드 시 뷰 힐 풀 빌라 $1143
레스토랑	마켓 플레이스 Market Place 조식 뷔페 뭄바 Moomba 중·석식, 베트남 중부 요리 & 시푸드 라이스 볼 Rice Bowl 석식, 동남아시아 & 웨스턴 요리 라이스 바 Rice Bar 석식, 와인, 위스키, 칵테일, 라이트 푸드 어퍼 데크 Upper Deck 11:00-23:00 루프톱 바, 칵테일, 스낵	아주라 Azura 중식, 이탤리언 & 지중해 요리 사프론 Saffron 석식, 태국 요리 워터 코트 The Water Court 조·석식, 베트남 요리 투 꽌 Thu Quan 14:00-24:00 칵테일, 스낵 데스티네이션 다이닝 Destination Dining 프라이빗 로맨틱 디너
@	www.angsana.com/en/vietnam/lang-co-central-vietnam	www.banyantree.com/en/vietnam/lang-co

HUE DINING

후에에서 빼놓을 수 없는

베트남 전통 요리 레스토랑

레 자뎅 드 라 카람볼 Les Jardins de la Carambole

후에 왕궁 옆에 있는 레스토랑으로 베트남과 서양 요리를 모두 맛볼 수 있는 곳이다. 프렌치 콜로니얼 양식의 건물에 베트남 분위기가 물씬 풍기는 소품으로 꾸민 내부는 고풍스럽다. 서양 관광객이 많이 오는 곳으로 서양 음식은 짠맛이 강해 한국인 입맛에는 맞지 않을 수 있다.

📍 후에 왕궁 국기 게양대에서 도보 8분

🏠 32 Đặng Trần Côn

🕐 07:00~23:00

🍴 인도차이나 3코스(샐러드, 스테이크, 디저트)
   40만 VND, 반쎄오 9만 VND, 반베오 8만 VND

꽌 한 후에 Quán Hạnh Huế

후에를 대표하는 음식을 맛보고 싶다면 이곳을 추천한다. 후에에서는 반쎄오를 반코아이Bánh Khoái라 부르는데 반쎄오보다 좀 더 작으며 반달 모양으로 접지 않는다. 반베오, 반코아이, 넴루이 등이 포함된 세트 메뉴가 있어 한 번에 다양한 로컬 음식을 맛볼 수 있다. 에어컨은 없고 선풍기만 있는 로컬 식당으로 메뉴판에 영어도 같이 표기되어 있어 선택하는 데 어려움은 없다.

📍 콩 카페에서 도보 1분

🏠 11-15 Đường Phố Đức Chính

🕐 10:00~21:00

🍴 세트 메뉴 1인 12만 VND, 넴루이 8만 VND, 반코아이 2만~2만 5000 VND, 반베오 6만 VND

마담 뚜 레스토랑 Madam Thu Restaurant

후에 레스토랑 중 맛과 가성비를 함께 생각한다면 이곳만 한 식당이 없다. 깔끔하고 다양한 메뉴로 구성되어 있는 세트 메뉴가 있어 항상 손님들로 붐빈다. 예약을 하고 방문하는 것이 안전하며 여행자 거리에 있어 식사 후 주변 펍에서 한잔하기도 좋다.

📍 타부 펍 맞은편

🏠 45 Võ Thị Sáu

🕐 09:00~22:00

🍴 세트 메뉴 1인 14만 5000 VND, 반코아이 2만 9000 VND, 반베오 4만 8000 VND

락티엔 Lạc Thiện

착한 가격으로 로컬 음식을 맛볼 수 있는 곳으로 분보후에가 대표적인 메뉴다. 가족이 운영하는 친절한 식당으로 한쪽에서는 주인아저씨가 병따개를 계속 만들어서 선물로 나눠준다. 벽면마다 다녀간 사람들의 흔적으로 채워져 있어 맛집 분위기를 더욱 풍긴다.

📍 후에 왕궁 국기 게양대 및 동바 시장에서 도보 8~10분

🏠 6 Đinh Tiên Hoàng

🕐 10:00~21:30

🍴 넴루이 4만~5만 5000 VND,
   분보후에 4만 VND, 반코아이 2만 5000 VND

레스 가든 Le's Garden

손님으로 왔다가 친구가 되어 나간다는 레스토랑의 모토와 걸맞게 친절한 직원이 손님을 맞아준다. 낮에는 식사하기에 괜찮고 저녁에는 간단한 안주에 맥주를 마시며 하루를 마무리하기 좋다. 베트남 음식과 피자, 샌드위치 등도 판매한다. 레스 가든을 포함해 오픈된 구조의 카페, 펍, 레스토랑이 많으니 모기 퇴치제를 항상 가지고 다니도록 하자.

📍 마담 뚜 레스토랑에서 도보 1분

🏠 28 Võ Thị Sáu

🕐 10:00~23:30

🍴 후다 맥주 2만 5000 VND, 해산물 볶음밥 10만 9000~12만 9000 VND

니나스 카페 Nina's Cafe

2009년에 오픈한 곳으로 매일 공수한 재료를 사용해 신선한 로컬 음식을 선보인다. 가정집 분위기의 아담한 레스토랑으로 후에 지방 음식뿐만 아니라 쩨, 디저트, 다양한 음료 및 주류도 구비되어 있다. 살짝 골목 안쪽에 있으며 식당 한편에는 구매할 수 있는 아기자기한 소품도 있다.

📍 눅 이터리 대각선 맞은편 / 콩 카페에서 도보 5분

🏠 16/34 Nguyễn Tri Phương

🕐 09:00~22:00

🍴 분보후에 6만 VND, 분틧느엉 7만 VND

한국과 서양 요리를 모두 즐긴다!

인터내셔널 요리 레스토랑

리소토 레스토랑
Risotto Restaurant

후에에서 유명한 이탤리언 레스토랑으로 바질 페
스토를 넣은 페스토 파스타가 인기며 볼로네제 스
페셜 피자Pizza Bolognese Speciali도 맛있다. 피
자 종류도 다양하며 스몰(26cm)과 빅(32cm) 사
이즈로 나뉜다. 베트남 음식도 같이 팔고 있어 메
뉴가 셀 수 없이 많은데 메뉴판에 사진이 없어 고
르는 데 시간이 걸릴 수 있다.

📍 레스 가든에서 도보 3분
🏠 14 Nguyễn Công Trứ
🕐 10:00~22:00
🍴 리소토 7만 5000~8만 5000 VND, 파스타
　 7~11만 VND, 페스토 파스타 8만 5000 VND

눅 이터리
Nook Eatery

펑키한 분위기를 물씬 풍기는 레스토랑으로 수제
버거가 유명하다. 니나스 카페와 같이 골목 안쪽에
자리해 집과 같은 편안함 속에서 식사를 할 수 있
다. 정오(12:00)까지 제공하는 아침 메뉴도 괜찮
다. 스크램블 에그 혹은 달걀 프라이, 베이컨, 소시
지, 버섯, 토마토, 토스트 등이 푸짐하게 담겨 나오
는 눅 빅 브렉퍼스트로 하루를 시작하거나 브런치
로 즐겨도 좋다.

📍 콩 카페에서 도보 4분
🏠 7 Kiet 34 Nguyễn Tri Phương
🕐 08:30~21:30
🍴 홈메이드 그래놀라 8만 5000 VND, 눅 버
　 거 13만 5000 VND, 눅 빅 브렉퍼스트 14만
　 VND

한 쿡
Han Cook

빈컴 플라자 쇼핑몰 4층에 있는 한식당으로 다낭
의 빈컴 플라자 안에도 입점해 있다. 돼지고기, 쇠
고기 등 단품은 물론 다양한 종류의 바비큐를 맛
볼 수 있는 콤보 세트(우삼겹, 대패 삼겹살, 닭고기
등이 포함된 세트)와 김치찌개, 비빔밥 등 식사 메
뉴도 있어 선택의 폭이 넓다. 콤보 세트는 고기 구
성에 따라 가격이 달라진다.

📍 빈컴 플라자 4층
🏠 50A Hùng Vương
🕐 10:00~21:30
🍴 콤보 세트 55~86만 VND, 식사 종류 9만
　 9000~12만 9000 VND

향기로운 커피 한잔의 여유를 즐기기 좋은
후에 인기 카페

콩 카페
Cộng Cà Phê

베트남에서는 '1일 1 콩 카페'라는 말이 있을 정도
다. 2007년 하노이에서 시작한 콩 카페는 베트남
전 지역에 퍼져 있는 대표 카페 브랜드로 아이스
연유 커피인 카페 쓰어다와 코코넛 커피가 시그니
처 메뉴다. 큰 인기에 힘입어 우리나라 연남동에도
콩 카페 지점이 생겼지만 원조를 따라가지는 못한
다.

📍 뷰 커피 바로 근처 / 빈펄 호텔에서 도보 5분
🏠 22 Bến Nghé
🕐 07:00-23:00
🍴 카페 쓰어다 3만 5000 VND, 코코넛 커피 4
만 5000 VND

카페 무오이 Cà Phê Muối

무오이Muối는 베트남어로 '소금'이라는 뜻으로 카페 이름처럼 소금 커피가 유명하다. 적절한 소금이 커피의 단맛과 쓴맛을 중화해 가볍고 향긋한 맛을 살려준다. 후에 왕궁 평화문 근처와 후에 시내에 있으니 관광하다가 방문하기 편한 곳으로 가면 되는데 시내에 있는 지점은 빈펄 호텔에서 도보 10분 거리다.

📍 후에 왕궁 평화문에서 도보 5분

🏠 142 Đặng Thái Thân(왕궁), 10 Đường Nguyễn Lương Bằn(시내)

🕐 06:30~11:30, 13:30~22:00(왕궁), 06:30~11:30, 15:00~22:00(시내)

🍴 커피 1만 5000~2만 VND

뷰 커피 View Coffee

나무 테이블과 자전거로 꾸며진 빈티지한 분위기의 실내와 길가에 놓인 작은 테이블에서 커피와 맥주를 즐길 수 있는 작은 카페다. 대부분의 커피가 2만 VND 미만이며 다른 로컬 카페와는 달리 에스프레소가 인기다.

📍 콩 카페 건너편

🏠 Nguyễn Tri Phương

🕐 07:00~24:00

🍴 에스프레소 1만 VND, 커피 1만 2000~1만 8000 VND

에스 라인 커피 S LINE Coffee

향강과 인접한 곳에 있는 카페로 깔끔하고 편안한 분위기다. 실내 및 실외에도 테이블이 있어 넓은 편이며 내부에는 에어컨이 있어 시원하다. 커피 이름에 에스 라인이 들어가는 스페셜 커피에는 약간의 술이 들어가 독특한 맛을 느낄 수 있다.

📍 디엠지 바에서 도보 1분

🏠 51 Lê Lợi

🕐 07:00~22:00

🍴 커피 2만~3만 2000 VND, 주스 & 스무디 2만 2000~3만 VND

여행자 거리의 밤을 더욱 활기 차게 만드는
후에 인기 펍

디엠지 바 DMZ Bar

베트남 중부의 DMZ(비무장지대)를 콘셉트로 만든 곳이라 군사시설을 연상케 하는 인테리어가 돋보인다. 후에를 방문하는 여행자들 사이에서는 이색적인 바로 유명하며 1층은 바, 2층은 레스토랑, 3층은 루프톱으로 운영하고 있다.

📍 게코 펍에서 도보 1분 / 사이공 모린 호텔에서 도보 7분

🏠 60 Lê Lợi

🕐 07:00~24:00(요일에 따라 변동)

🍴 베트남 맥주 2만 3000~4만 7000 VND, 모히토 10만 4000 VND, 버거와 샌드위치 9만 4000~10만 4000 VND

게코 펍 Gecko Pub

디엠지 바와 같이 여행자 거리에 있는 펍 & 레스토랑으로 게코 도마뱀에서 이름을 따왔으며 간판도 도마뱀 모양이다. 가성비가 좋아 낮과 밤 상관없이 가기에 괜찮다. 음료, 술, 커피는 물론 베트남 음식과 피자, 파스타, 버거 등 두루 맛볼 수 있다. 간단히 모히토 한잔을 하며 더위를 식혀봐도 좋다.

📍 디엠지 바에서 도보 1분

🏠 9 Đ. Phạm Ngũ Lão

🕐 08:00~24:00

🍴 타이거 생맥주 3만 5000 VND, 파스타 6만 5000~9만 5000 VND

타부 펍 Taboo Pub

청록색 미니 밴에 'Don't Worry Be Happy'라는 문구를 적어놓고 그 위에 Taboo 간판을 달아 멀리서도 눈에 띈다. 다양한 이벤트와 밴드 공연으로 색다른 재미를 추구하는 젊은이들이 많이 찾는 펍이기도 하다. 맨 위층으로 올라가면 루프톱 공간이 펼쳐지며 에어컨은 2층에 설치되어 있다.

📍 디엠지 바 및 게코 펍에서 도보 5분

🏠 16 Đường Võ Thị Sáu

🕐 07:00~24:00

🍴 맥주 1만 9000~3만 5000 VND, 모히토 7만 5000 VND, 타부 볶음밥 9만 5000 VND

알바 웰니스 리조트 후에
Alba Wellness Resort Hue ★★★★★

천연 온천 탄생지에 지은 리조트로 2000m² 규모의 부지에 온천탕, 노천탕, 사우나 등이 마련되어 있다. 건강과 미용에 탁월한 효능을 지닌 천연 미네랄 온천수는 남녀노소를 불문하고 좋아하며 열대우림의 산기슭에 위치한 덕분에 자연과 하나가 되어 온전한 휴식을 만끽할 수 있다. 친환경 소재를 사용한 객실과 방갈로, 웰빙 위주의 요리를 선보이는 마담 차우Madame Chau 레스토랑, 모험을 좋아하는 고객을 위한 다양한 액티비티 프로그램까지 있어 지루하지 않다. 후에에서 차로 40분을 달려야 하지만 그만큼 가치가 있다.

🏠 Phong Son, Phong Dien
☎ +84 234 3556 666
@ albawellnessvalley.com
$ 디럭스 $143, 프리미엄 디럭스 $156, 방갈로 1베드 $228, 방갈로 2베드 $305
🏹 바, 레스토랑, 야외 수영장, 온천 시설, 스파, 요가, 피트니스 클럽, 키즈 클럽, 액티비티(집라인 & 하이와이어, 수공예 마을, 오가닉 팜 등)

베다나 라군 리조트 & 스파
Vedana Lagoon Resort & Spa ★★★★★

다낭과 후에 사이에 자리한 리조트로 연인이나 가족끼리 오붓한 시간을 보내기에 적합하며 특히 허니무너에게 인기다. 리조트 뒤로는 울창한 숲이, 앞으로는 라군이 펼쳐져 평화로운 풍경을 마음껏 감상할 수 있어 머무르는 것만으로도 힐링이 된다. 리조트에서 사용할 수 있는 골드 카드(중식, 석식, 마사지 60분 포함, 1인 약 7만 5000원)와 플래티넘 카드(중식, 석식, 마사지 60분, 애프터눈 티 포함, 1인 약 12만 원)를 활용하면 좀 더 합리적인 가격으로 누릴 수 있다.

🏠 41/23, Đoàn Trọng Truyến
☎ +84 234 3681 688
@ www.vedanalagoon.com
$ 디럭스 $90, 힐사이드 빌라 $108, 디럭스 라군 뷰 2베드 $236, 수상 빌라 $240, 힐사이드 풀 빌라 $240
🏹 바, 레스토랑, 스파 & 웰니스, 키즈 코너, 요가, 타이치, 카약, 테니스 코트, 자전거, 후에 무료 셔틀, 깐뚱 비치Bãi Biển Cảnh Dương 무료 셔틀

사이공 모린 호텔 후에 Saigon Morin Hotel Hue ★★★★

1901년 베트남 중부에 최초로 문을 연 유서 깊은 호텔로 찰리 채플린을 비롯해 유명 인사들과 왕족, 각국 정상이 머물렀던 곳이기도 하다. 새로 생겨나는 호텔의 시설은 못 따라가지만 베트남 현대사가 녹아든 고풍스러운 아름다움이 살아 있다. 역사가 깊은 만큼 유지 보수를 잘하고 있어 청결하며 직원들도 친절하다.

🏠 30 Lê Lợi Street

☎ +84 234 3823 526

@ www.morinhotel.com.vn

$ 콜로니얼 디럭스 $63, 프리미엄 시티 디럭스 $75, 프리미엄 리버 디럭스 $83, 패밀리 디럭스 $94, 모린 스위트 $137

🛬 바, 레스토랑, 실외 수영장, 24시간 룸서비스, 당구대, 투어 데스크, 비즈니스 센터, 쿠킹 클래스

인도차이나 팰리스 호텔 Indochine Palace Hotel ★★★★★

후에에서 몇 안 되는 5성급 호텔 중 하나로 하얀색의 웅장한 외관이 눈에 확 띈다. 내부 인테리어는 화려하고 고풍스러우며 안락한 침대가 있는 객실은 우아한 느낌이다. 조식도 가짓수가 다양하고 풍부해 든든한 아침을 시작할 수 있으며 무엇보다 세심한 배려와 친절한 직원들 덕분에 더 기분 좋게 머물 수 있는 곳이다. 야외 수영장은 후에 시내 호텔 중 규모가 가장 크며 도보 3분 거리에 빅 씨Bic C 마트가 있어 군것질거리를 사기에 편리하다.

🏠 105A Hùng Vương

☎ +84 234 3936 666

@ www.indochinepalace.com

$ 디럭스 $108, 스튜디오 $134, 스위트 $203

🛬 바, 카페, 레스토랑, 야외 수영장, 스파 & 웰니스, 짐, 당구대, 클럽 라운지, 24시간 룸 서비스

빈펄 호텔 후에 Vinpearl Hotel Hue ★★★★

2018년 9월에 문을 연 빈펄 호텔 후에는 모던함이 가미된 세련미가 돋보인다. 객실은 전통적인 요소를 살짝 더해 꾸몄으며 조·중·석식을 먹을 수 있는 로터스 레스토랑은 야외석 및 키즈 코너가 마련되어 있다. 저녁에만 오픈하는 임페리얼 레스토랑은 33층에 위치해 시원한 전망을 감상하며 식사를 즐길 수 있고 15:00~23:00까지 이용할 수 있는 루프톱 바는 여행의 아쉬움을 달래기에 좋다. 야외 수영장은 없으며 사계절 내내 이용 가능한 실내 수영장이 8층에 있다.

🏠 50A Hùng Vương

☎ +84 234 3688 666

@ www.vinpearl.com/hotel-hue/en

$ 디럭스 트윈 $88, 그랜드 디럭스 $99, 이그제큐티브 스위트 $149

🛬 바, 레스토랑, 스파, 피트니스 & 요가 센터, 실내 수영장, 키즈 코너, 미팅 & 이벤트

후　에

카페 무오이

후에 구시가

후에 왕궁

레 자뎅 드 라 카람볼

후에 신시가

티엔무 사원

후에 기차역

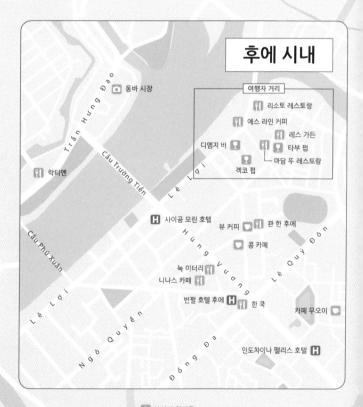

후에 시내

동바 시장

Trần Hưng Đạo

Cầu Trường Tiền

뜨득 황제릉

락티엔

Cầu Phú Xuân

Lê Lợi

Ngô Quyền

Đồng Đa

여행자 거리

리소토 레스토랑

에스 라인 커피

레스 가든

디엠지 바　타부 펍

└ 마담 뚜 레스토랑

겍코 펍

Lê Lợi

Hùng Vương

Lê Quý Đôn

사이공 모린 호텔　뷰 커피　꽌 한 후에

콩 카페

눅 이터리

니나스 카페

빈펄 호텔 후에　한 쿡

카페 무오이

인도차이나 팰리스 호텔

카이딘 황제릉

민망 황제릉

베트남 Vietnam

중국

미얀마

라오스

치앙마이 ·

비엔티안 ◎

하노이 ◎

후에 ·
다낭
호이안

태국

베트남

방콕 ◎

캄보디아

나트랑 ·

· 호찌민

한눈에 보는 베트남 기본 정보

국가명 | 베트남 사회주의 공화국
수도 | 하노이
언어 | 베트남어
면적 | 33만 1230㎢(한반도 면적의 약 1.5배)
위치 | 인도차이나 반도의 동쪽
인구 | 약 9600만 명
종교 | 불교(12%), 가톨릭(7%), 까오다이교(5%) 등
국가 번호 | +84(다낭 지역 번호 236 / 호이안 지역 번호 235)
관광청 | www.vietnamtourism.com

• 다낭 · 호이안 · 후에 여행 실용 정보 •

시차	한국보다 2시간 느림
비행시간	직항 기준 약 4시간 40분
전압	220V / 50Hz, 우리나라 전자 기기 사용 가능
비자	15일 이내 무비자 체류 가능. 단, 15일 이상 체류 또는 30일 이내 재입국 시 비자가 필요하다.
통화	베트남 동 Đông(VND), $100≒227만 VND
환전	한국에서 달러로 환전한 후 다낭 국제공항 환전소, 호텔, 마트 등에서 100~200달러씩 베트남 동으로 환전하는 것이 좋다. 베트남 동은 단위가 커서 1000 단위를 줄여 K로 적는 경우가 많으니 참고하자(20K VND=2만 VND). **TIP 간단한 베트남 동·원화 환산법** 베트남 화폐에서 0을 하나 뺀 후 2로 나누기 (10000 VND는 약 500원)

여행 경비	여행 하루 경비는 1인 5만 원 정도. 현금은 달러로 환전해 가고 신용카드는 해외 사용 가능한 카드로 하나 정도 가져가는 것이 좋다.
팁 문화	호텔 포터, 룸 메이드 $1~2(2~4만 VND)
인터넷	호텔, 레스토랑, 카페에서는 무료 Wi-Fi를 이용할 수 있으며, 이동 중에도 인터넷을 사용하려면 공항 안팎의 판매소에서 SIM 카드를 구입하거나(무제한 SIM 카드 $7 정도) 한국에서 포켓 Wi-Fi 기기를 대여해 가면 된다.
여행 최적기	건기이고 비교적 선선한 2~5월이 가장 여행하기 좋으며 바다와 수영장에서의 휴양이 목적이라면 6~8월도 괜찮다.
치안	베트남은 치안이 안전한 편이지만 최근 다낭에서 오토바이를 이용한 소매치기가 종종 발생하고 있어 주의해야 한다. 또한 다낭의 한 시장, 호이안의 야시장 등 관광객이 많이 몰리는 곳에는 현금을 조금만 지니고 가는 것이 좋다.
식수	베트남에서는 수돗물을 마시면 배탈이 날 수 있으므로 물은 항상 슈퍼마켓이나 상점에서 생수를 구입해서 마시는 것이 좋다.

• 공휴일 •

새해 첫날 | 1월 1일
음력 설(뗏Tết) | 1월 또는 2월 중(음력 1월 1일 전후 4~7일)
건국 시조(흥왕) 기일 | 3월 또는 4월 중(음력 3월 10일)
해방 기념일 | 4월 30일 **노동절** | 5월 1일 **독립 기념일** | 9월 2일

알아두면 유용한 여행 TIP

· 다낭 관광 안내소 ·

다낭 지도와 관광지 안내 브로슈어 등 다양한 자료를 무료로 제공하며 투어 및 차량 예약도 할 수 있다. 한 시장 옆에 있어 찾아가기 쉬우며 미 AA 해피 브레드, 콩 카페 등도 도보 1분 미만 거리에 있다.

주소 | 108 Bạch Đằng
운영 시간 | 08:00-21:30
@ | www.tourismdanang.vn

· 영업시간 ·

은행 | 월~금요일 08:00-11:30, 13:00-16:30(토요일은 오전만 영업)
상점 | 매일 08:00-19:00
대형 마트 | 매일 08:00-22:00

· 현지 연락처 ·

· 주 베트남 대한민국 대사관(하노이)
주소 | 28 F, Lotte Center Hanoi, 54 Liễu Giai, Cống Vị, Ba Đình, Hà Nội
전화 | +84 24 3771 0404(근무시간 외 +84 90 402 6126)
웹 | overseas.mofa.go.kr/vn-ko/index.do
근무시간 | 08:30-12:00, 13:30-17:30
민원 업무 | 09:00-12:00, 14:00-16:00(비자 신청은 09:00-12:00)

· 긴급 연락처
긴급 구조 112, 경찰 113, 화재 신고 114, 구급차 115

· 다낭 짐 보관 서비스 ·

밤늦은 시간에 다낭에서 출발하면 여행용 캐리어 등의 짐을 어딘가에 맡기고 관광을 해야 한다. 다낭 시내에 있는 호텔에 숙박했다면 체크아웃한 후 호텔에 짐을 맡기면 되지만 아닐 경우, 쇼핑을 하면서 마트의 짐 보관소를 이용하거나 짐 보관 서비스를 제공하는 스파에서 마사지를 받거나 아래에 소개한 다낭 시내 중심에 있는 짐 보관 서비스 중 하나를 이용해보자.

· 티 라운지 T Lounge
다낭 대성당 근처에 있으며 짐 보관, 현지 투어, 공항 셔틀버스, 아오자이 대여 등의 서비스를 제공한다.
주소 | 37 Thái Phiên **운영 시간** | 09:00-22:00(연중무휴)
보관료 | 2만 VND($1)

· 제주항공 트래블 라운지 Jeju Air Travel Lounge
다낭 콩 카페 본점 옆에 있으며 짐 보관, 현지 투어, 여행 정보 제공 등의 서비스를 제공한다.
주소 | 94 Bạch Đằng **운영 시간** | 주중 09:30-22:30, 주말 13:00-22:30
보관료 | $3, 제주항공 이용 고객은 무료(항공권 제시 요망)

여행 준비물 체크리스트

분류	항목	체크하기
필수 준비물	여권(유효기간 6개월 이상) 및 여권 사본	☐
	항공권(e-티켓)	☐
	호텔 예약 확정서 또는 바우처	☐
	픽업 서비스 및 투어 예약 바우처	☐
	여행 경비(현금, 신용카드)	☐
	여행자 보험 가입	☐
	휴대폰 및 충전기	☐
	카메라 및 관련 용품	☐
	비상 약품(진통제, 소화제, 지사제 등)	☐
	자외선 차단제와 모기 기피제	☐
의류 및 소품	속옷과 잠옷	☐
	반팔 상의와 반바지	☐
	긴팔 상의와 긴바지	☐
	시원한 원피스	☐
	바람막이 점퍼나 얇은 카디건	☐
	발 편한 운동화나 샌들	☐
	모자와 선글라스	☐
	우산 또는 우비	☐
	수영복 및 물놀이 용품	☐
	세면도구와 화장품	☐
	여행용 티슈 및 물티슈	☐
	여성 용품	☐
	필기도구	☐

• 휴대폰, 보조 배터리, 라이터, 전자 담배, 노트북, 카메라 등의 전자 기기는 위탁 수화물로 부칠 수 없기 때문에 기내 수화물로 가지고 타야 한다.

여행 시 유용한 베트남어

숫자

0   Không   콩
1   Một   못
2   Hai   하이
3   Ba   바
4   Bốn   본
5   Năm   남
6   Sáu   싸우
7   Bảy   바이
8   Tám   땀
9   Chín   찐
10   Mười   므어이
100   Một trăm   못 짬
1,000   Một ngàn(nghìn)   못 응안(응인)
10,000   Mười ngàn(nghìn)   므어이 응안(응인)
100,000   Một trăm ngàn(nghìn)   못 짬 응안(응인)
1,000,000   Một triệu   못 찌에우

음식 및 조리법

빵   Bánh mì   반미
쌀국수   Phở / Bún   퍼 / 분
볶음국수   Mì xào   미싸오
밥   Cơm   껌
흰밥   Cơm trắng   껌 짱
볶음밥   Cơm chiên   껌 찌엔
라이스페이퍼   Bánh tráng   반짱
쌈, 무침(샐러드)   Gói   고이
전골(국)   Lẩu   라우
굽다   Nướng   느엉
삶다   Luộc   루옥
볶다   Xào / Chiên   싸오 / 찌엔
튀기다   Rán / Chiên   잔 / 찌엔
찌다   Hấp   헙

음식 재료 및 소스

고기   Thịt   팃
쇠고기   Thịt bò   팃 보
돼지고기   Thịt heo   팃 헤오
닭고기   Thịt gà   팃 가
달걀   Trứng   쯩
해산물   Hải sản   하이 싼
생선   Cá   까
새우   Tôm   똠
타이거 새우   Tôm sú   똠 수
게   Cua   꾸어
오징어   Mực   목
굴   Hàu   하우
가리비   Sò điệp   소 디엡
채소   Rau   자우(라우)
숙주   Giá   쟈
상추   Rau diếp   자우 지엡
오이   Dưa chuột   즈어 쭈엇
모닝글로리   Rau muống   자우 므엉
고수   Rau mùi / Rau thơm   자우 무이 / 자우 텀
고추   Ớt   엇
마늘   Tỏi   떠이
피시 소스   Nước mắm   느억맘
칠리소스   Nước ớt   느억 엇
간장   Nước tương   느억 뜨엉

기타 유용한 단어

공항   Sân bay   썬 바이
호텔   Khách sạn   칵산
병원   Bệnh viện   벤 비엔
화장실   Nhà vệ sinh   냐 베 씬
경찰   Công an   꽁안
은행   Ngân hàng   응언 항
식당   Nhà hàng   냐 항
시장   Chợ   쩌
거리   Đường   드엉
개점   Mở   머 / 폐점   Đóng   덩

음료

물   Nước   느억
얼음   Đá   다
우유   Sữa   쓰어
옥수수 우유   Sữa bắp   쓰어 밥
맥주   Bia   비아
와인   Vang   방
커피   Cà phê   까페
차   Trà   짜
주스   Nước ép   느억 엡
오렌지 주스   Nước cam   느억 깜
사탕수수 주스   Nước mía   느억 미아
과일 스무디   Sinh tố   신또
베트남식 팥빙수   Chè   쩨

과일

망고   Xoài   쑤아이
망고스틴   Măng cụt   망꿋
람부탄   Chôm chôm   촘촘
두리안   Sầu riêng   써우 리엥
패션 프루트   Chanh dây   짜인 저이
용과   Thanh long   탄롱
파파야   Đu đủ   두두
수박   Dưa hấu   즈허우
코코넛   Dừa   즈어

간단 회화

안녕하세요   Xin chào   씬 짜오
감사합니다   Cảm ơn   깜언
미안합니다   Xin lỗi   씬 로이
안녕히 가세요   Tạm biệt   땀비엣
얼마예요?   Bao nhiêu   바오 니에우?
계산서 주세요   Xin Tính Tiền   씬 띤 띠엔
세워주세요   Xin dừng lại   씬 증 라이
예   Vâng   벙 / 아니요   Không   콩
좋다   Tốt   똣 / 나쁘다   Xấu   써우
고수 빼주세요
Không cho rau thơm   콩 쪼자우 텀

동남아 여행의 새로운 발견

Asia Travel by Chalet

Chalet
TRAVEL & LIFE

www.chalettravel.kr   tel 02.323.1430

샬레트래블북

DA NANG

다낭 | 호이안 | 후에

초판 발행 2018년 6월 14일
개정 1판 발행 2019년 7월 1일

글, 사진 | 샬레트래블북 편집부
펴낸곳 | ㈜샬레트래블앤라이프
펴낸이 | 강승희 강승일
출판등록 | 제 313-2009-66
주소 | 서울시 마포구 서교동 어울마당로 5길 26. 1~5F
전화 | 02-323-1280
판매 문의 | 02-336-8851 shop@chalettravel.kr
내용 문의 | travelbook@chalettravel.kr
디자인 | 최윤선
지도 일러스트 | 김선애

ISBN 979-11-88652-13-6 13910

값 12,000원

CHALET Travel Book은 ㈜샬레트래블앤라이프의 출판 브랜드입니다.

www.chalettravel.kr